문제적 리더를 이기는
건강한 팔로워십

문제적 리더를 이기는 건강한 팔로워십

서희진 지음

좋은땅

Prologue

그리스 신화 속 나르키소스처럼 자신만을 사랑하고, 타인의 감정은 아랑곳하지 않은 채 자신의 욕구만을 채우려 하는 사람들을 자기애성 성격장애를 가진 '나르시시스트'라고 부른다. 특히 직장에서 나르시시스트 리더의 존재는 단순한 불편함을 넘어 심각한 문제로 대두되고 있는데, 이들의 리더십은 조직 전체에 부정적인 영향을 미치며, 구성원들의 정신 건강과 업무 효율성을 크게 저하시키게 된다.

이 책은 나르시시스트 리더의 특징과 행동 패턴을 상세히 분석하고, 프랭켈 D. 감독의 영화 〈악마는 프라다를 입는다〉(2006)의 '미란다 프리슬리', 『백설공주』의 '왕비', '아돌프 히틀러', '나폴레옹 보나파르트'와 같은 대중문화 속 다양한 캐릭터와 현존했던 인물들을 통해 좀 더 자세히 설명하였다. 뿐만 아니라 현대판 나르시시스트로부터 직장인들이 겪게 되는 구체적이고 다양해 피해 사례를 다룬다. 더불어 이러한 상황에서 자신을 보호하고 피해를 최소화할 수 있는 실질적인 전략과 대처 방법을 제시한다.

이 책은 단순히 나르시시스트를 비난하거나 회피하는 것이 아닌, 그들을 이해하고 현명하게 대처하는 방법을 알리기 위해 쓰였다. 직장에서 만나는 나르시시스트와의 관계로 고민하는 모든 분들에게 이 책이 든든한 길잡이가 되기를 바라며, 완벽한 직장을 꿈꿀 순 없지만 현명한 대처를 통해 더 나은 직장 생활을 만들어 갈 수 있다고 믿는다.

독자 여러분은 이 책을 통해 나르시시스트 리더를 식별하는 방법, 그들과의 효과적인 의사소통 기술, 그리고 자신의 정신 건강을 지키는 방법을 배우게 될 것이다. 건강한 리더십과 팔로워십이 뒷받침된 직장 문화 조성을 위한 첫걸음으로, 이 책이 여러분에게 통찰과 용기를 제공하길 바란다.

CONTENTS

CHAPTER 1 ✦ 자기 사랑의 미로

1. 자기애성 성격장애(Narcissistic Personality Disorder)의 개념   20
- 토끼와 거북이   24
- 왜곡된 자기애   26

2. DSM-5에서 정의하는 자기애성 성격장애   29
- DSM-5 B군 성격장애   31
- DSM-5 B군 자기애성 성격장애 기준   32

CHAPTER 2 ✦ 가까이에 있는, 낯설지 않은 그들

1. 거울에게 묻고, 나르시시스트가 되다 - 거울 속의 환상   37
- 백설공주를 질투한 여왕과 마법의 거울   38

2. 빛나는 무대 위의 주인공　　　　　　　　　　**44**
- 돈키호테　　　　　　　　　　45
- 가제트 형사　　　　　　　　　　47
- 나르시시스트 대응노트 (1)　　　　　　　　　　49

3. 변명백서 - 자기 합리화　　　　　　　　　　**54**
- 여우와 신포도　　　　　　　　　　55
- 이상한 나라의 앨리스 하트여왕　　　　　　　　　　57
- 귀인이론　　　　　　　　　　58

4. 분노의 활화산　　　　　　　　　　**62**
- 악마는 프라다를 입는다　　　　　　　　　　64
- 자기애적 분노　　　　　　　　　　65
- 나르시시스트 대응노트 (2) - 화산 피해를 줄이는 방법　　　　　　　　　　67

5. 공감의 사각지대　　　　　　　　　　**74**
- 아돌프 히틀러　　　　　　　　　　76
- 조커　　　　　　　　　　77

6. 호모 파베르 — 81
- 신데렐라의 계모와 의붓자매들 — 83
- 나르시시스트 대응노트 (3) — 85

7. 나르시시스트의 조력자, 플라잉 몽키 — 87
- 오즈의 마법사 — 89
- 플라잉 몽키의 특징 — 90
- 플라잉 몽키 판별하는 법 — 91

8. 마리오네트 — 96
- 지킬 박사와 하이드 — 98

9. 만능의 덫 — 103
- 피노키오 — 104

10. 감정의 롤러코스터 — 109
- 흥부와 놀부 — 113

11. 내 사전에 실수란 없다　　　　　　　　117
- 나폴레옹 보나파르트　　　　　　　　　　121

12. 언제 어디서나 위풍당당　　　　　　　126
- 벌거벗은 임금님　　　　　　　　　　　　127
- 다원적 무지(Pluralistic Ignorance)　　　　130

CHAPTER 3　　　　　　　　　현실과 마주하기

1. 직장 생활의 그늘　　　　　　　　　　136
- 직장 내 나르시시스트의 업무적 태도와 행동　　138
- 나르시시스트 리더 때문에 구성원이 겪는 어려움　141
- 조직의 침묵(Organizational Silence)　　　144
- 삼각화(Triangulation)　　　　　　　　　147
- 나르시시스트 대응노트 (4)　　　　　　　150

2. 독성 리더십에서 벗어나기　　　　　　156
- 현실에 직면하기　　　　　　　　　　　157

- 감정적 거리 두기   158
- 업무활동 기록 남기기   160
- 자신을 돌보기   162
- 동료와의 유대감과 지지   166
- 외부지원 및 도움 받기   169
- 직장 내 괴롭힘 신고   171
- 새로운 환경 모색   176

3. 긍정을 비춰 주는 거울 들여다보기   **180**
- 건강한 리더십   182
- 리더십과 팔로워십 - 어떻게 이끌고 따를 것인가?   188

참고자료   196

직장인

직장에 가기 싫어도, 가야만 하고

장시간 앉아 묵묵히 일하다 보면

인고의 시간이 흘러간다.

CHAPTER 1

자기 사랑의 미로

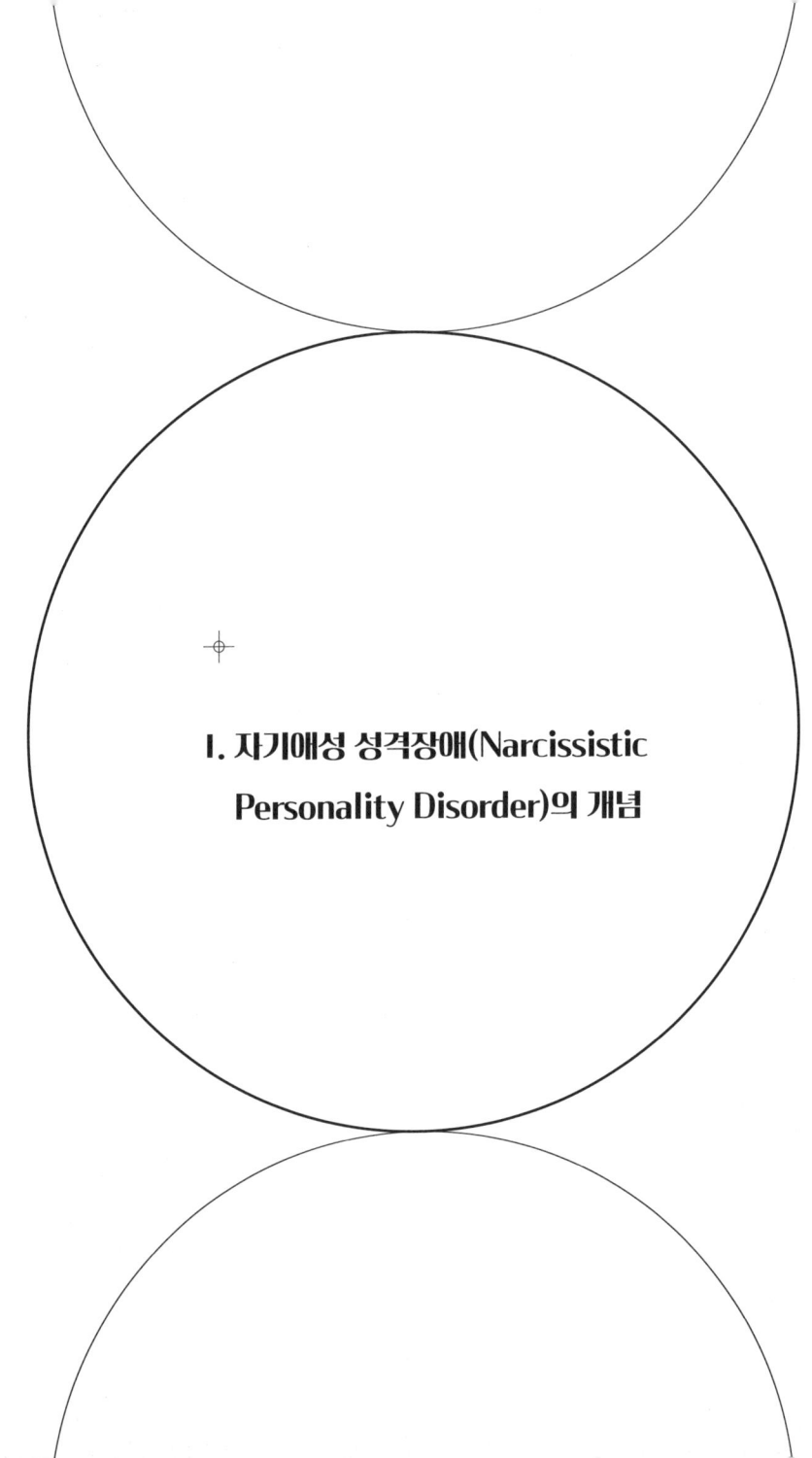

I. 자기애성 성격장애(Narcissistic Personality Disorder)의 개념

어느 조직에서나 '빌런'을 마주칠 가능성은 꽤 높다. 하지만 여기서 말하는 '빌런'은 단순히 생각이 짧거나 엉뚱한 행동을 하는 사람들보다도 더 복잡한 문제를 지닌 사람들, 즉 나르시시스트 같은 성격장애를 가진 사람들을 지칭한다. 이들은 직장에서 우리가 흔히 기대하는 행동이나 규범에서 벗어난 방식으로 움직이며, 이러한 차이는 때때로 큰 혼란과 갈등을 불러일으키게 된다.

직장 내에서 만날 수 있는 '이상주의자' 유형의 나르시시스트는 특히 다른 사람들에게 불편함을 주는 존재가 아닐 수 없다. 이들은 우월감과 열등감이라는 두 가지 상반된 감정 사이에서 자신과 타인을 구분하며, 자신을 항상 중심에 두고 모든 정보를 해석한다. 즉, 그들의 판단과 행동은 철저하게 자기중심적이고, 타인의 생각이나 감정을 고려하지 않은 채 진행되기에 오류가 많다.

이렇듯 겉으로 보기엔 매우 자신감 넘치고 카리스마가 있는 듯 보일 수 있고, 그들의 존재감은 뚜렷하고 때로는 사람들에게 강한 인상을 주기도 한다. 하지만 그 이면에는 타인에 대한 공감 부족과 자신의 욕구 충족에만 집중하는 특성이 자리 잡고 있기에 그들은 종종 자신의 능력과 가치를 과대평가하고, 모든 상황에서 자신이 주목받아야 한다는 강한 그러나 불필요한 믿음을 갖고 있다.

이 나르시시스트 리더는 직장 내에서 권력과 영향력을 추구하며, 자신이 중요한 결정을 내리거나 인정받는 상황에서만 만족을 느낀다. 만약 그들이 주목받지 못하거나 자신이 원하는 대우를 받지 못할 경우 상당한 불안감과 걷잡을 수 없는 분노를 느끼며, 때로는 극단적인 행동을 보이기도 한다. 예를 들어, 회의 중에 자신이 이끌어 가는 대로 진행되지 않으면 크게 반발하거나, 다른 사람이 더 주목받으면 이를 견디지 못하고 갈등을 일으킬 수 있다.

이들이 가진 문제는 단지 개인적인 성향에 그치지 않고, 조직 내 협력과 의사소통에도 부정적인 영향을 미친다는 점에서 심각하다. 나르시시스트 리더는 타인의 의견을 무시하고, 자신만의 방식으로 일을 처리하려 하기 때문에 팀워크를 해치고, 직장 내 분위기를 어지럽히는 경우가 많다. 또한, 이들은 자신의 성공과 성과만을 중요하게 여기기 때문에, 동료들의 기여나 공로를 인정하지 않는 경향을 보인다.

결국, 이런 나르시시스트와 함께 일하는 것은 상당한 스트레스를 초래할 수밖에 없다. 그들의 과도한 자기애와 타인에 대한 무관심은 직장 내 관계를 악화시키고, 구성원들의 정신적 소모를 증가시키게 되어 직장 내 갈등이 빈번하게 발생하며, 결과적으로 구성원들의 직무 만족도가 떨어지게 된다.

이러한 사람들을 이해하고 대처하는 방법을 찾는 것은 직장에서의 성공적인 대인 관계뿐만 아니라, 자신을 보호하고 성장하는 데 있어서도 중요한 과제다. 나르시시스트와 협력할 때는 그들의 행동을 개인적으로 받아들이지 않고, 상황에 맞는 전략적 대응을 사용하는 것이 필요하다.

● **토끼와 거북이**

토끼와 거북이의 경주 이야기는 누구나 한 번쯤 들어본 유명한 우화다. 이 이야기에서 빠른 토끼가 아닌, 느릿느릿한 거북이가 경주의 승자가 되는 반전은 우리에게 여러 가지 교훈을 주는데, 흥미로운 점은 토끼의 모습에서 우리가 흔히 말하는 나르시시즘적 성향을 발견할 수 있다는 것이다.

토끼는 자신의 뛰어난 속도에 대해 지나치게 자만하며, 상대인 거북이를 가볍게 무시하고 우습게 여긴다. '어차피

이길 경기'라고 확신한 토끼는 거북이를 아예 신경 쓰지 않고, 경주 중간에 여유롭게 낮잠을 즐기기까지 한다. 하지만 바로 이 과도한 자만과 타인에 대한 경시는 그에게 큰 실수를 불러오는데 결국 경주에서 패배하는 이유가 된 것이다.

이와 같은 토끼의 행동은 나르시시즘의 전형적인 특성을 잘 보여 준다. 자신을 지나치게 이상화하고, 그로 인해 타인을 과소평가하는 태도는 나르시시스트 리더가 보이는 전형적인 특징 중 하나이기 때문이다. 그들은 자신의 능력과 자아에 대해 과도하리만치 자신감을 갖고 주변 사람들을 경시하거나 심지어 무시하는 경향이 있다. 이로 인해 예상치 못한 실수를 범하거나 관계에서 문제가 생기는 일이 자주 벌어지곤 한다.

이런 나르시시스트 성향은 우리가 직장에서 만나게 되는 나르시시스트 리더와의 관계에서도 그대로 나타난다. 그들은 자신의 능력에 대한 경솔한 확신으로 구성원들의 의견을 무시하거나, 주변 사람들을 경시하는 태도로 일관하게 된다. 하지만 문제는 그 결과를 고스란히 조직 내 다른 사람들이 감당하게 된다는 점이다.

나르시시스트 리더와 함께 일하다 보면 끊임없는 스트레스와 피로가 따라오고, 결국에는 우리가 심리적, 정서적으로 지치게 될 수밖에 없다. 이 글에서는 나르시시스트 리더가 보여 주는 전형적인 행동 패턴과 함께, 자신감 과잉과 묘한 신뢰가 어떻게 우리의 직장 생활에 악영향을 미치는지 살펴보고자 한다. 나아가, 이들과 마주할 때 어떻게 대처해야 하는지, 그 속에서 우리 자신을 보호하고 직장에서 적응하며 도전과 기회를 이어 나갈 수 있는 실질적인 전략을 공유하려 한다.

● 왜곡된 자기애

그리스 신화에 따르면, 나르키소스라는 젊은이는 자신

의 아름다움에 완전히 매료되었다. 어느 날 연못에 비친 자기 모습을 보고 한눈에 반한 그는 그 자리를 떠날 수 없었고, 결국 자신의 아름다운 모습이 투영된 연못에 빠져 생을 마감하게 된다. 그의 죽음 후, 그 자리에 한 송이 꽃이 피었는데, 그것이 바로 수선화였다. 이 신화에서 '나르시시즘'이라는 개념이 유래되었다. 이 이야기는 단순한 자기 사랑을 넘어선 왜곡된 자기애를 상징한다.

엘리스(H. Ellis, 1898)는 '자기애'에 대한 용어를 처음 학계에 도입하면서 '자기성애'를 정상인의 심리적 한 부분으로 언급하기도 하였다. 이후 지그문트 프로이트(Sigmund Freud, 1914)가 이 개념을 자아와 자기애에 관한 연구로 확장하면서 많은 학자들로부터 현대적인 해석이 존재한다. 웨스턴(D. Westen, 1999)은 나르시즘이 단순히 병리적 현상이 아니라 정상인에게서도 보이는 성격적 특징으로 나르시즘의 스펙트럼을 제시하기도 했다.

오늘날 '나르시시스트'라는 말은 단순히 자기중심적인 사람이 아니라 깊은 자기애적 성향을 가진 사람을 의미하게 된다.

"굳이 저렇게까지 해야 해?"라는 물음표가 떠오를 때가 있다. 이때 느끼는 감정은 단순히 겸양의 부족을 넘어, 마치 자기 도취의 늪에 빠져 허우적대는 모습에서 오는 피로감이다. 이런 경우는 그저 잘난 체하는 것과는 차원이 다르다. 우리가 흔히 말하는 나르시시스트, 그들은 말 그대로 자기 확신과 과대망상 속에서 헤어나오지 못하는 상태다. "피할 수 없으면 즐겨라"는 말이 나르시시스트를 두고는 그저 속 빈 구호일 뿐이다. 차라리 그들과 함께할 때는 천천히, 물밑 작업이라 부를 수 있는 작별 준비를 해야 할지도 모른다.

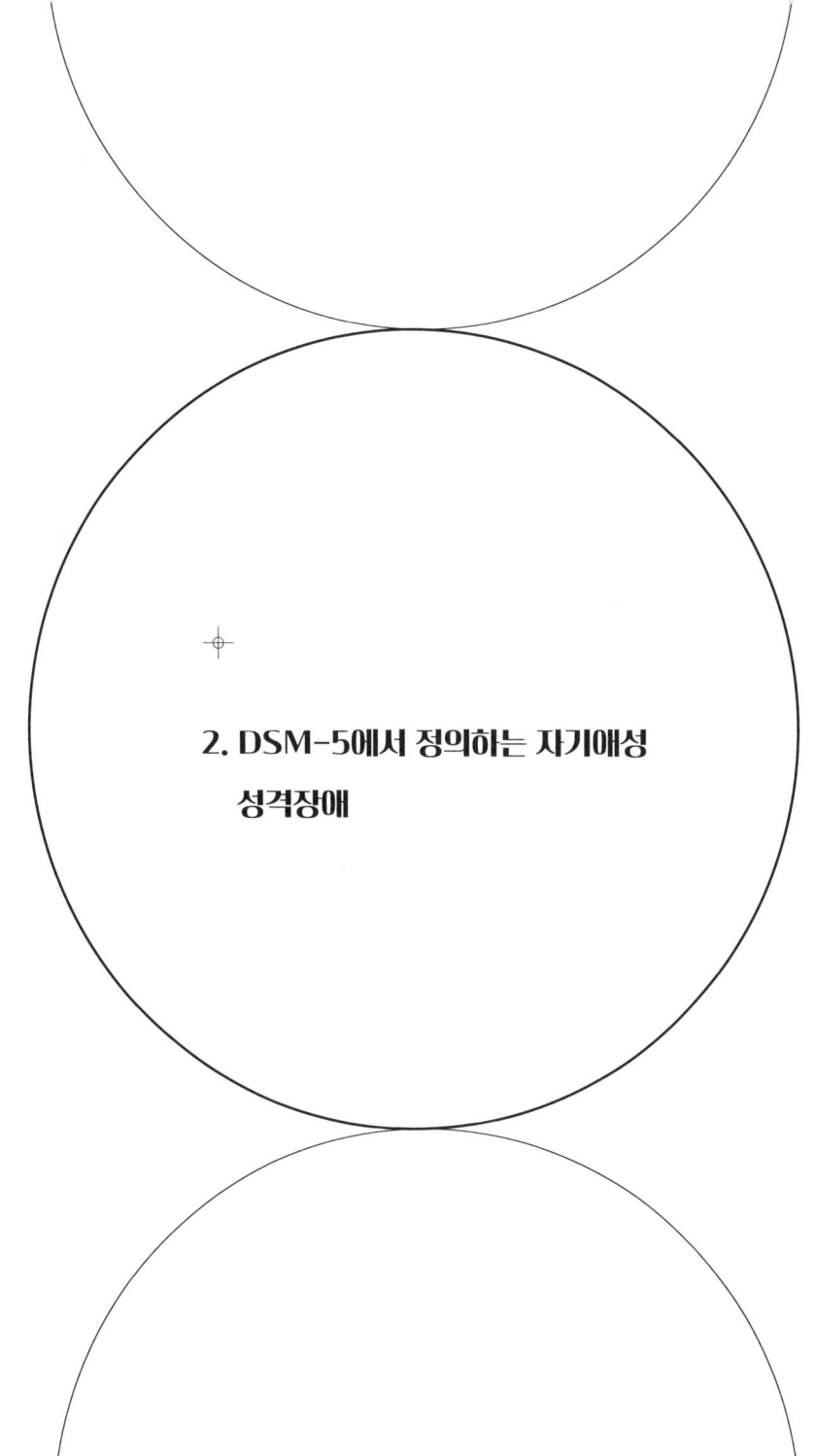

2. DSM-5에서 정의하는 자기애성 성격장애

DSM-5는 『정신 질환 진단 및 통계 편람』 5판이라는 책의 약자로, 미국정신의학회(APA)에서 발행한 정신 질환 진단 기준서다. 이 매뉴얼은 전문가들이 정신 질환을 진단하고 치료 방향을 정할 때 참고하는 표준 가이드다. 강박장애, 성격장애 및 중독장애와 같이 다양한 정신적 질환을 분류하여 각 증상과 원인 및 진단 기준을 포함하는데, 크게 A, B, C의 3가지 타입으로 구분한다. 이 중 B군에 해당하는 성격장애는 극단적인 감정과 충동성 및 대인관계의 문제를 일으키는 특징을 갖는다.

● DSM-5 B군 성격장애

- 반사회성 성격장애(Antisocial Personality Disorder): 타인의 권리를 무시하고 침해하며, 죄책감 없이 법을 어기거나 비윤리적인 행동이 나타나는 성격장애다.
- 경계선 성격장애(Borderline Personality Disorder): 대인관계, 자아상 및 정서의 불안정성과 심한 충동성이 나타나며 자살 시도, 자해 행동을 할 수 있다.
- 연극성 성격장애(Histrionic Personality Disorder): 과도하게 감정적이고 주목받기를 좋아하며, 외모나 행동으로 관심을 끌려고 하는 경향이 있다.
- 자기애성 성격장애(Narcissistic Personality Disorder): 과장된 자존감과 자아중심적 성향을 갖고 있으며 타인으로부터 칭찬과 존경에 대한 욕구를 갖고 있으며, 공감 능력 부족 등이 특징이다.

● DSM-5 B군 자기애성 성격장애 기준

- 자신의 중요성을 과대평가한다.
- 성공, 권력, 지능, 미모 등에 대한 끝없는 공상을 품고 있다.
- 자신이 특별하고 독특하다고 믿으며, 특별히 높은 지위의 사람하고만 어울려야 한다고 생각한다.
- 과도한 찬사를 받기를 좋아하고 주변으로부터 주목을 받아야만 한다고 생각한다.
- 타인으로부터 특별한 대우를 받아야 한다고 믿고, 그것이 당연하다고 생각한다.
- 대인관계에서 착취적이고 타인을 이용한다.
- 타인의 감정에 대한 공감력이 결여돼 있다.
- 타인에게 질투심을 느끼거나, 타인이 자신을 질투한다고 생각한다.
- 오만하고 건방진 태도와 행동을 보인다.

자기애성 성격장애(Narcissistic Personality Disorder, NPD)는 DSM-5에 의해 이 9가지 주요 증상 중 5가지 이상이 나타날 경우 진단된다. 이 증상들은 자기애성 성격장애의 특징적인 행동과 사고 패턴을 반영하며, 이를 통해 전문가들은 해당 질환을 진단할 수 있다.

이외에도 NPD를 평가할 수 있는 다양한 평가 도구들이 존재하는데 Aaron L. Pincus와 Mark R. Lukowitsky(2009)의 연구에 따르면, 성격장애를 평가하는 방법에는 인터뷰, 관찰자 평가, 그리고 성격 평가 도구들이 포함된다. 이러한 평가 도구들 간에 차이가 있긴 하지만, 주로 나르시시스트의 과시성, 불안정하고 부정적인 감정, 그리고 취약성에 대한 측면을 평가한다.

특히, 많은 평가 도구들은 DSM-5의 진단 기준을 기반으로 설계되어 있어 NPD의 핵심적인 증상과 행동 양상을 파악하는 데 중점을 둔다.

"가슴으로 느끼고 머리로 생각하라.
Follow your heart but take your brain with you."

― Alfred Adler

CHAPTER 2
가까이에 있는, 낯설지 않은 그들

앞서 살펴본 자기애성 성격장애(NPD)를 가진 나르시시스트 리더의 특성을 좀 더 재미있게 분석해 보기 위해, 지금부터 영화나 문학작품 속에서 등장하는 인물들을 예로 들어 보고자 한다. 사실 우리가 좋아하는 작품들 속 주인공 중에는 의외로 많은 나르시시스트 리더가 숨어 있음을 알게 되는데, 그들의 행동을 보면 자기애성 성격장애의 특성들이 생생하게 드러나는 것을 확인할 수 있게 된다.

DSM-5에서는 나르시시스트의 특성을 9가지로 정의하지만, 이번 분석에서는 이 특성들을 조금 더 세분화해 12가지로 나누어 살펴본다. 각 특성이 어떻게 나타나는지, 그리고 영화나 문학작품 속 캐릭터들이 어떻게 이러한 나르시시스트적 성향을 드러내는지를 재미있게 탐색해 보자.

I. 거울에게 묻고, 나르시시스트가 되다
 - 거울 속의 환상

나르시시스트의 특징 중 하나는 자신의 성과나 능력을 극대화하는 데 있다. 물론 우리는 때로 자화자찬을 하게 되지만, 이게 적절한 범주 안에서 이뤄진다면 누구나 한 번쯤 수긍할 수 있는 부분이기도 하다. 인정받는 것이 쉽지 않은 직장에서 스스로 성과를 내세우는 것 자체는 때론 필수불가결한 전략이기도 하다. 하지만 여기서 중요한 건, 겸손함의 가치를 아는 사람은 결국 더 많은 사람의 존경과 사랑을 받게 된다는 사실임을 잊지 말아야 한다.

● **백설공주를 질투한 여왕과 마법의 거울**

『백설공주』의 사악한 새어머니는 마법의 거울에게 묻

는다. "거울아, 거울아, 이 세상에서 누가 제일 이쁘니?"라고 묻는데 거울이 "물론 아름다우신 분은 여왕님이십니다. 그러나 백설공주가 더 아름답습니다."라고 대답하자 여왕은 몹시 격분한다. 그리고 화가 치밀어 오른 여왕은 백설공주에 대한 질투에 사로잡힌 나머지 사냥꾼을 보내 백설공주를 죽이고 심장을 가져오라고 명령을 내린다. 여러 차례 음모를 꾸몄음에도 목적 달성이 어려워진 왕비는 직접 독이 든 사과를 백설공주에게 먹이고 공주는 깊은 잠에 빠져 버린다.

이 이야기는 여왕이 자신의 미모보다 더 뛰어나다고 대답한 거울의 말을 듣고 잘못된 결정을 내린다는 것이다. 이처럼 동화 속 백설공주의 사악한 새어머니가 거울에게 묻듯이, 나르시시스트도 자기만의 거울에게 묻는다. "거울아, 거울아, 이 세상에서 누가 제일 잘났지?" 하지만 백설공주 이야기와 달리 나르시시스트는 거울이 말할 틈도 주지 않는다. "그건 당연히 나니까, 가만히 나를 비춰만 주면 돼."

나르키소스가 자신의 아름다움에 빠져 연못을 바라보다가 결국 물속으로 빠져 버린 것처럼, 나르시시스트는 스스로에게 빠져들 뿐이다. 만약 거울이 그들과 다른 답을 내놓는다면? 그들은 그 진실을 부정하고, 거울을 내던져 버릴지도 모르는 일이다.

우리가 직장에서 만나는 나르시시스트 리더가 항상 거울을 들고 다닌다고 할 수는 없지만 그들이 나르시시스트임을 알아보는 건 어렵지 않다. 나르시시스트는 끊임없이 자신의 성과와 능력을 미화하려 하기 때문이다. 같은 이야기를 반복해서 듣다 보면 '왜 또 저 이야기를 꺼내는 거지?'라는 생각이 들기 마련이다. 물론 우리가 자주 듣는 '부장님 라떼 이야기'도 여기에 속할 수 있겠지만, 흔히 말하는 부장님들은 아마도 그들의 과거 경험에 대한 회고와 경험을 공유하고픈 욕망이 더 앞서 지금의 세대가 공감하지 못해 격차가 발생하는 부분일 수 있다. 그들의 라떼 스토리는 그나마 그 시절의 특수성과 추억과 스토리가 담겨 있으며, 나르시시스트의 자기 과시와는 엄연히 다르다. 그리고 나르시시스트의 자기 자랑은 사실 그 진위를 파악해 보면 그리 또 대견할 만한 칭찬 거리가 아님에도 스스로를 높이는 것에 치중한다는 점이 실망감을 안겨 주고, 진실로 그럴 만한 가치가 있는지조차 의문이 들 때가 많다.

나르시시스트의 과대평가는 때로 과대망상으로 이어지며, 그들이 리더라면 이 현상은 더욱 뚜렷해진다. 동기나 배경에 대한 설명 없이 결과만을 강조하며, 그 과정은 때론 자신만의 영웅담처럼 꾸며지기 십상이다. 마치 역경을 딛고 홀로 세상을 구한 것처럼 말이다. 하지만 그 이야기 속에서 주변에 있는 누군가의 도움이나 지원은 절대 등장하지 않고 단독 캐스팅된 주연으로 존재감을 내세운다. 물론 나르시시스트에게 좋은 끝내주는 운빨이 작용했을지도 모르는 일이다. 나르시시스트에게 진실을 말하는 동화 속 마법의 거울이 필요하지만 현실에서는 한 번쯤 되뇌어 봐야 한다. "과연 그럴까?"

지금까지 설명한 나르시시스트의 자기애성 성향은 그들에 대해 이해하기 위한 시작일 뿐이다. 다음 장에서는 이들의 특징을 하나씩 더 자세히 알아본다.

"내면을 들여다보는 사람은 성장하지만, 외면하는 사람은 멈춰 선다.

Who looks outside, dreams; who looks inside, awakes."

- Carl Jung

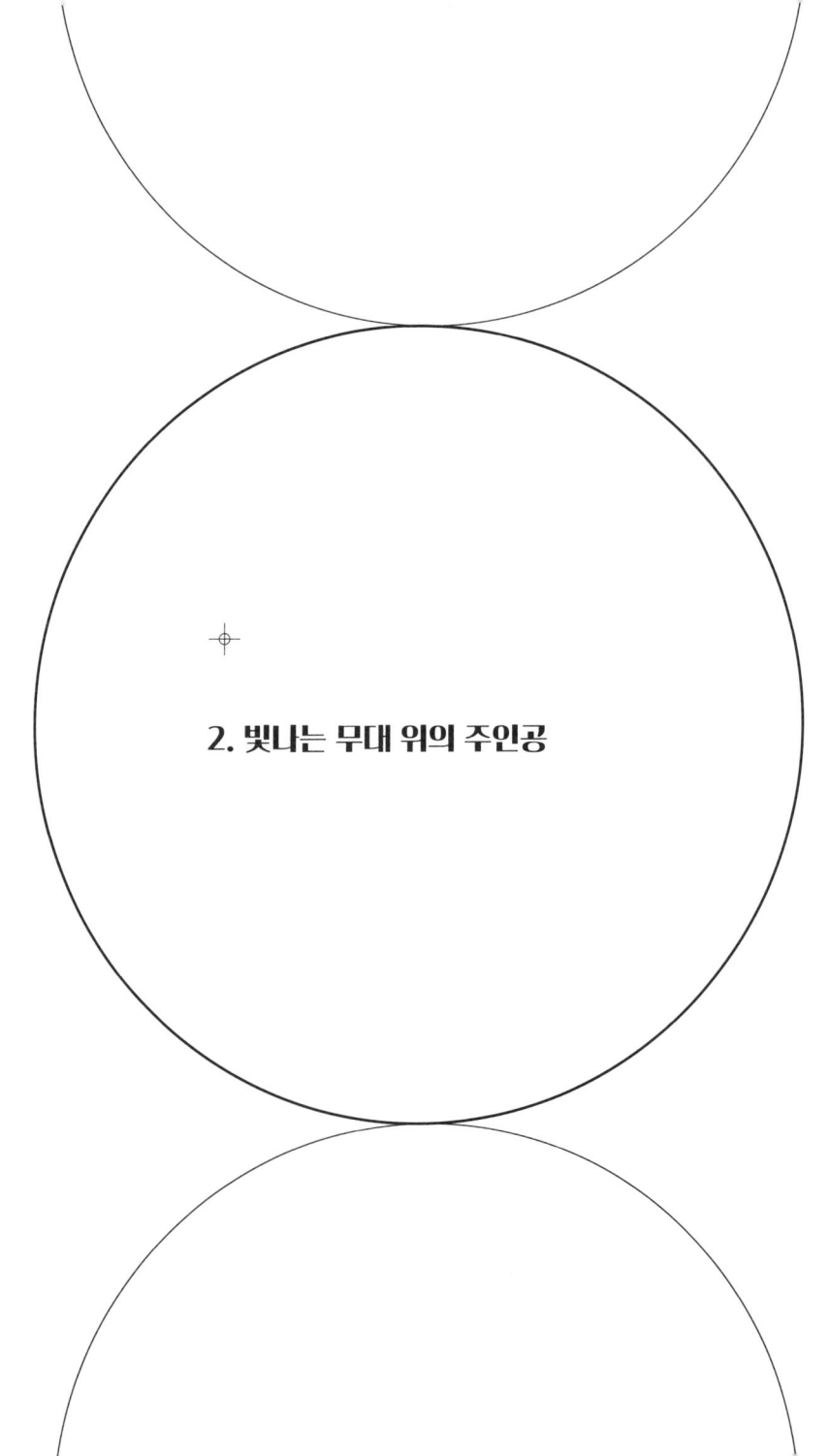

2. 빛나는 무대 위의 주인공

나르시시스트는 자신의 우월함에 대한 굳건한 믿음을 가지고 있다. 나르시시스트의 우월감은 그들의 행동방식과 타인에 대한 태도의 핵심으로 자신이 매우 특별하고 타인보다 우월하다고 믿는 강한 확신에서 비롯된다. 하지만 이러한 우월감은 종종 타인과의 관계에서 갈등을 일으키고, 나르시시스트 자신도 결국에는 현실과의 괴리감으로 인해 큰 어려움에 봉착하게 된다.

● **돈키호테**

스페인의 유명 작가 미겔 데 세르반테스가 쓴 소설『돈키호테』를 떠올려 보자. 이 소설의 주인공은 시골 마을의 중년 귀족인 알론소 키하노다. 그는 기사 소설에 푹 빠져, 어느 날 스스로를 '돈키호테 데 라만차'라고 개명하고 멋진 기사로 변신하겠다는 꿈을 꾸게 된다. 용맹한 기사가 되기 위해서는 당연히 멋진 말과 충성스러운 시종이 필요하다 생각한 그는 자기 집의 늙은 말을 전투마 로시난테로 여기고, 이웃 농부 산초를 시종으로 삼아 여행을 떠나게 된다.

돈키호테는 현실을 전혀 받아들이지 못하고, 모든 것을 기사 소설 속의 판타지로 해석한다. 가장 잘 알려진 장면은 바로 풍차를 거대한 괴물로 착각하여 싸우려 돌진하는 장면이다. 돈키호테는 이 풍차가 괴물이라 믿고, 자신이 용맹한 기사로서 그 괴물을 무찌르겠다는 환상에 사로잡혀 창을 겨누며 돌진한다. 풍차 날개에 맞아 떨어지는 그의 모습은 코믹하면서도 안타까움을 자아낸다.

이 장면은 단순히 풍차를 잘못 본 것이 아니다. 돈키호테는 자신의 현실을 외면하고, 철저히 자기만의 세계 속에 갇혀 살아가고 있기 때문에 이런 행동을 하게 된다. 자신의 생각이 옳고, 자신만이 세상을 구할 용맹한 기사라는 착각 속에서 현실과 단절된 돈키호테의 행동은 나르시시스트의 모습을 잘 보여 준다.

이처럼 돈키호테는 자신을 특별한 존재로 여기며, 다른 사람들이 보지 못하는 진실을 자신만 본다고 믿는다. 그가 끊임없이 타인을 구하려고 애쓰는 것도, 자신의 위대함을 증명하고자 하는 나르시시스트적 욕망 때문이다. 그는 비현실적인 환상 속에서 자신이 세상의 중심이라고 믿고, 그 환상을 유지하기 위해 애쓴다. 그런 모습이 때로는 우스꽝스럽지만 한편으로는 인간적인 연민을 불러일으키기도 한다.

● **가제트 형사**

또 다른 예로 만화 주인공인 가제트 형사(라세터, J. 감독, 1999)를 들 수 있다. 가제트 형사는 늘어나는 팔과 다리가 있어 필요할 때마다 자유자재로 물건을 집거나 멀리 이동할 수 있다. 뿐만 아니라 가제트 헬리콥터는 위험에 처해 있을 때 또는 악당으로부터 도망칠 수 있게 해 주는 만능 도구다. 이처럼 몸에 장착된 도구로 재능을 갖추었지만 대부분의 사건은 그의 영리한 조카 페니와 개 발에 땀나도록 종횡무진 활약하는 충직한 애완견 브레인 덕분에 실마리가 풀린다. 페니와 브레인은 요즘의 스마트 워치에 해당하는 그 당시로서는 엄청난 비밀 병기인 손목시계로 서로 소통하며 위기 상황을 해결하는데, 가제트 형사는 이런 도움을 전혀 알아채지 못하고 자신이 훌륭한 형사라고 믿는다. 뿐만 아니라 모든 사건을 본인이 직접 해결한 것으로 결론지어 버린다.

돈키호테와 가제트 형사는 허구의 인물들로, 그들의 자기 착각은 우리에게 웃음을 준다. 그러나 현실에서 마주하는 나르시시스트 리더는 오히려 자기 외의 타인들을 열등한 것으로 간주하며 자신을 최고로 여기므로, 그들이 내세우는 '빛나는 업적'이 과연 정말 그런지 의문을 제기해 봐야 한다.

따라서 나르시시스트 리더와 마주할 때는 다음과 같은 단계를 통해 그들의 '우월감'을 관리하는 것이 도움이 될 수 있다.

● **나르시시스트 대응노트 (1)**

① 나르시시스트 리더의 자랑을 동의하는 제스처로 받아 준다

고개를 끄덕이거나 미소를 살짝 지어 주는 것, 혹은 눈을 마주치는 작은 행동들이 그들이 원하는 동의를 표시하는 데 도움이 된다.

② 나르시시스트가 어려움을 호소할 때는 긍정적인 피드백을 준다

예를 들어,

"힘든 결정을 해내셨네요."
"어려운 상황을 극복하신 점이 좋은 결과로 이어졌어요."
"그래도 앞서가는 점이 특별하시네요."
같은 말들로 그들이 듣고 싶어 하는 것을 채워 준다.

③ 그들의 의사결정 과정에 대해 물어본다

"결정하실 때 가장 큰 기대감은 무엇이었나요?"
"그 결정에서 가장 어려운 점은 무엇이었나요?"
"당시 주변의 반응은 어땠나요?"
"확신을 주는 요소가 무엇이었나요?"
이 질문들은 나르시시스트가 자신을 더 잘 드러낼 기회를 주고, 그들과의 관계를 더 유연하게 만들 수 있다.

④ 나르시시스트 리더의 결과물에 대해 칭찬한다

"확실히 남다른 면모가 있으십니다."
"역시 다른 사람들과는 다르십니다."
"그 덕분에 오늘의 성과가 있었네요."

더 말할 나위 없이 마무리는 선녀의 날개옷이라도 빌려 나르시시스트에게 날개를 달아 주는 것이다. 이런 칭찬들은 그들의 자아를 더욱 부풀려 주며, 그들과의 관계를 한결 부드럽게 만든다.

이렇게 말끝마다 나르시시스트에게 '날개'를 달아 주는 이유는 무엇일까? 우선, 나르시시스트와의 작별을 준비하는 동안 내 정신 건강을 지키기 위함이다. '나는 절대 마음에 있지도 않은 말은 못 해'라고 생각할 수도 있겠지만, 사회적 경험이 쌓이다 보면 그 또한 중요한 전략임을 알게 될 것이다. 중요한 것은 나르시시스트가 나를 공격 대상으로 삼지 않도록 미리 방어막을 치는 것이다.

"어리석은 사람은 자기가 현명하다고 생각하지만,
현명한 사람은 자신이 어리석다는 것을 안다.

The fool doth think he is wise,
but the wise man knows himself to be a fool."

- William Shakespeare

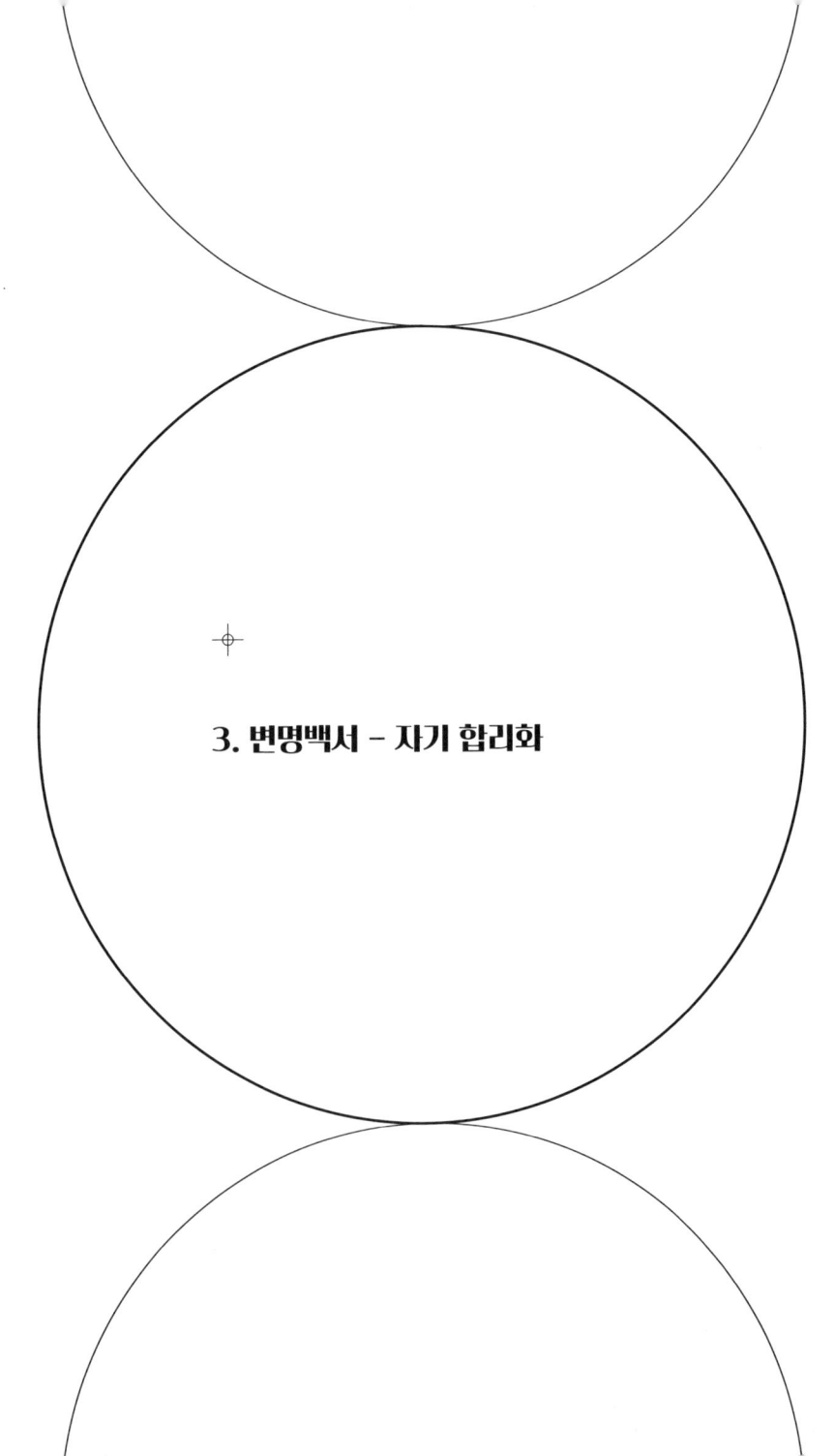

3. 변명백서 - 자기 합리화

나르시시스트 리더는 언제나 자신에게 매우 너그럽다. 나르시시스트의 자기합리화는 그들 특유의 자기중심적 사고와 우월감에서 비롯된 것으로, 자신의 행동이나 결과가 실패로 이어질 때 그 원인을 자신에게서 찾지 않고 외부 요인으로 돌리는 성향을 말한다. 즉, 자신의 결점을 인정하는 대신, 그 결점을 감추고 합리화하려는 시도다.

● **여우와 신포도**

많은 우화 속에서 여우, 늑대, 사자는 어김없이 어리석은 역할을 떠맡는다. 이 동물들이 "아니, 우리가 왜 또?" 하고 억울해한다면, 그 불만은 고대 그리스의 이야기꾼 이솝에게 직접 따져 물어야 할지도 모른다. 나르시시스트의 성향을 설명하기 위해 '여우와 포도' 이야기를 예시로 들어 보자. 먼저 실제 여우는 잡식성 동물이라고 하기에 포도를 먹고자 하는 욕망이 있을 수 있음을 전제로 한다.

어느 날 배가 고픈 여우가 길을 가다 포도밭을 발견하게 된다. 여우는 높은 가지에 매달린 포도를 따려고 여러 번 발버둥 치지만 결국 포도 높이까지 닿지 않자 포도를 따지 못하고 포기한다. 그리고는 이렇게 변명을 한다, "저 포도는 분명 시었을 거야." 여우는 자기가 실패한 이유를 자신의 한계에서 찾기보다는, 포도가 맛이 없었을 거라고 오히려 포도의 품질을 탓하며 스스로를 위로하는 것이다. 나르시시스트 리더도 마찬가지로, 자신의 부족함을 인정하는 대신, 그 책임을 다른 대상에게 돌리며 자신을 합리화하려는 성향을 보인다.

이 이야기 속의 여우처럼 나르시시스트는 자신이 포도

에 도달하지 못한 이유를 자신의 능력 부족이 아니라, 포도 자체에 문제가 있다고 해석한다. 즉, '내가 못 딴 게 아니라, 포도가 나빴어.'라는 식으로 마무리 짓는 것이다. 이는 나르시시스트가 자기중심적인 사고와 우월감을 바탕으로 자신의 결점이나 실패를 받아들이지 않고 외부의 탓으로 돌리는 자기 합리화를 나타낸다.

● **이상한 나라의 앨리스 하트여왕**

이러한 자기 합리화는 또 다른 나르시시스트적 캐릭터인, 『이상한 나라의 앨리스』에 등장하는 하트여왕에서도 잘 드러난다. 하트왕국은 하트여왕과 하트왕이 다스리는 제목 그대로 이상한 나라다. 미친 모자장수와 시계를 들고 다니는 흰 토끼가 등장하며 언제나 화가 난 하트여왕이 "목을 베라!"라는 무시무시한 명령을 내리는 공포정치가 단행되는 곳이다. 하트여왕이 내리는 잔인한 명령이 실제 집행되지는 않지만, 여왕은 자신의 권위에 도전하는 자에게 카드

병사들을 동원해 과도한 처벌을 내린다. 그녀는 자신이 행하는 잔인한 처벌을 결코 부당하다고 생각하지 않으며, 왕국을 지키기 위해서라면 이 정도는 필요하다는 식으로 정당화한다. 하트여왕은 자신의 절대적 권위를 지키기 위해 공포 정치를 시행하며, 이러한 행동을 스스로 합리화하는 나르시시스트의 모습을 보여 준다.

● **귀인이론**

이제 이 이야기를 심리학적 개념으로 연결하여 설명하고자 한다. 심리학에서 말하는 귀인이론은 자신이나 다른 사람들의 행동에 대한 원인을 어떻게 해석하는지를 설명하는 이론이다. 귀인이론은 크게 두 가지로 나뉘는데, 그 원인이 내부에 있는지, 외부에 있는지에 따라 내적 귀인과 외적 귀인으로 구분할 수 있다. 내적 귀인은 행동의 원인이 그 사람 개인이 가진 성격, 능력 또는 성향, 개인적 동기와 같은 내적인 요인에 의한 것으로 보며, 외적 귀인은 행동의 원인이 환경이나 상황 또는 우연, 운 등과 같은 외부요인에 의한다고 해석하는 관점이다.

여우와 포도 이야기에서 여우는 자신이 포도를 따지 못한 이유를 내적 귀인이 아닌 외적 귀인으로 해석하였다. 다시 말해, 자신의 능력 부족을 인정하지 않고, "포도가 시었을 거야"라는 식으로 포도의 문제로 돌리는 것이다. 이처럼 나르시시스트는 자신의 실패를 인정하지 않고, 모든 문제의 원인을 외부로 돌려 자신을 합리화하는 경향이 강하게 나타난다.

하트여왕도 마찬가지로, '목을 베라'는 과도한 명령을 내리는 것도 여왕이 왕국의 최고 통치자로서 갖는 권력이 자신의 내적인 능력이라 믿고 정당화하는 것이다. 즉 자신은 강력한 통치력을 갖고 있는 강한 지도자로 여기는 내적 귀인과 잔인한 처벌이 자신의 절대권력을 과시할 수 있는 힘과 우월성이라는 나르시시스트의 성격적 경향을 말해 주고 있다.

결국 나르시시스트는 자기 합리화의 대가라 말할 수 있다. 그들은 자신의 실패나 한계를 인정하지 않으며, 자신을 보호하기 위해 여념이 없다.

"자신을 아는 일이 가장 어려운 일이다.
The most difficult thing in life is to know yourself."

- Thales

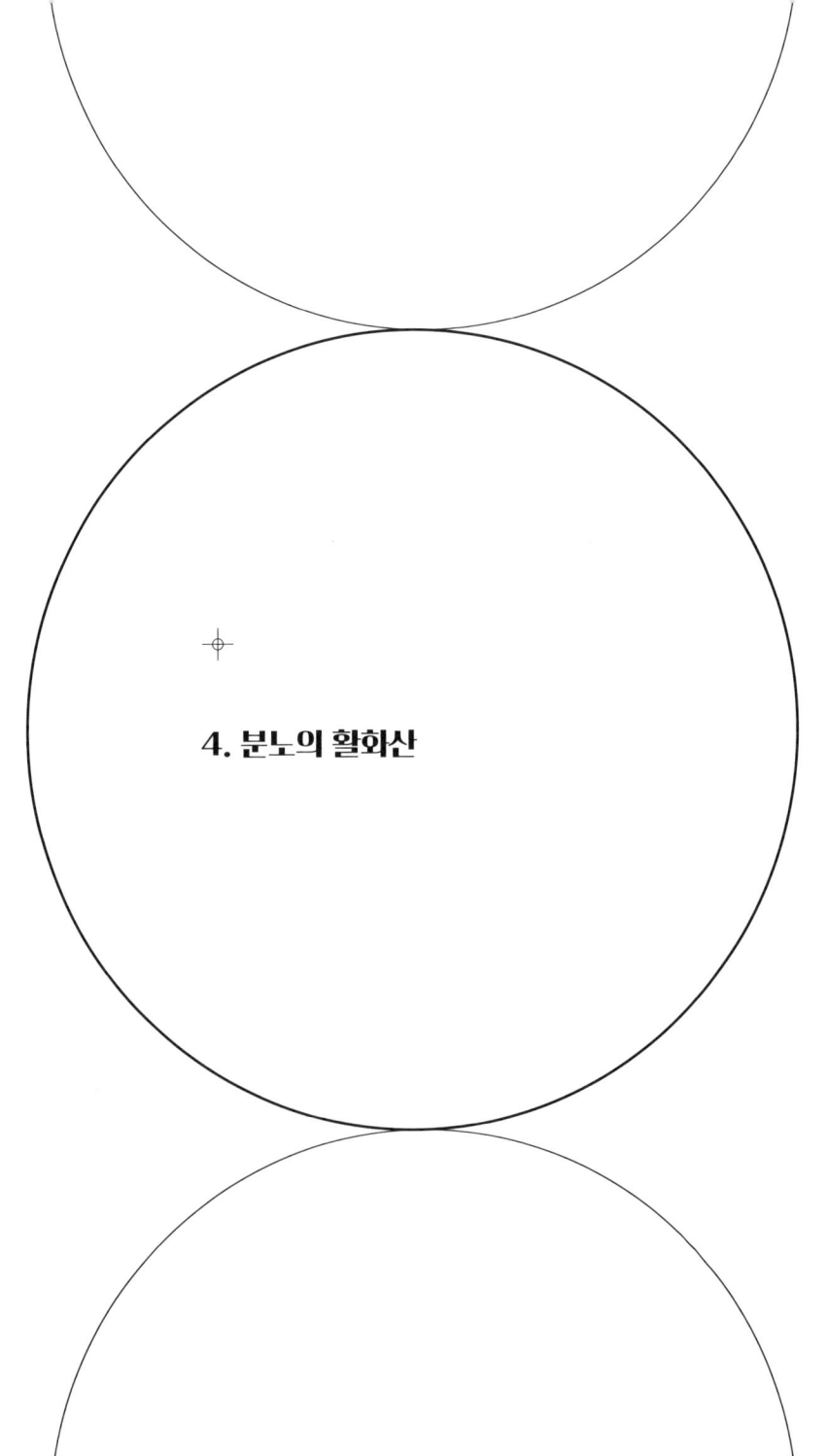

4. 분노의 활화산

보통 화를 참지 못하고 활화산이 폭발하듯 극단의 감정 상태를 표출하는 사람들이 있다. 그들의 마음속엔 거대한 용광로가 자리 잡고 있어 언제라도 터질지 모르는 불안함 속에 에너지가 들끓다가 결국 폭발해 버린다. 그들을 간혹 다혈질이라 부르기도 하는데, 나르시시스트 리더는 자신의 감정을 조절하지 못하고 종종 강렬하게 부정적 반응으로 주위에 화풀이하는 모습을 보인다. 특히 그들이 감정의 시뻘건 마그마를 폭발시키는 것은 자신에 대한 비판이나 반대 의견이 있을 때 이를 수렴하지 못하고 오히려 그것을 자신에 대한 맹비난이나 무차별한 공격으로 간주하여 극도로 방어적이거나 공격적으로 대응하는 양상을 보인다.

● 악마는 프라다를 입는다

프랭켈, D. 감독의 영화 〈악마는 프라다를 입는다〉(2006)는 패션계의 거물 미란다 프리슬리(메릴 스트립)가 유명 패션 잡지 런웨이의 편집장으로 사무실에 출근하는 긴박한 장면으로 시작된다. 이 장면에서는 모든 직원들이 숨죽이며 바짝 긴장한 채 그녀의 도착을 기다린다. 미란다는 완벽주의자이자, 냉철하고 까탈스러운 성격으로 그녀의 등장만으로도 사무실 전체가 얼어붙는 듯한 분위기를 자아낸다.

미란다는 패션업계에서 최고의 권위와 권력을 가지고 있으며, 스스로를 절대적인 존재로 여기는 나르시시스트로 묘사되는데 그녀의 철저한 기준에 부합하지 않는 사람은 누구도 인정받을 수 없게 된다.

영화 속 주인공 앤디(앤 해서웨이)는 패션 지식이 부족하지만 미란다의 비서로 채용되는데, 패션에 관심이 없는 앤디는 자신의 업무에 열심히 노력하지만 미란다에게 끊임

없는 비난을 받는다. 미란다가 두 개의 유사한 벨트를 놓고 드레스에 어울리는 것을 고르는 순간이다. 앤디는 벨트의 차이를 알아채지 못해 가볍게 웃어넘기지만, 미란다는 이를 지적하며, 앤디가 입고 있는 파란색 스웨터를 예로 든다.

미란다는 그 스웨터의 색이 그냥 파란색이 아니라 셀룰리안 블루라고 강조하며, 이 컬러가 패션 전문가들에 의해 선택된 트렌드 컬러라고 말하며 앤디가 무심코 입고 있는 옷조차도 수많은 패션 전문가들의 선택과 과정 속에서 탄생했다는 점을 설명하면서, 패션 산업의 깊이를 지적하게 된다. 이 장면은 미란다의 냉철한 성격과 업계의 영향력을 보여 주며, 앤디가 얼마나 패션 세계에서 미숙한지를 드러내 준다.

● **자기애적 분노**

자기애적 분노는 자신에 대한 자존감이나 우월감이 위협을 당했다고 느꼈을 때 격렬한 감정을 표출시키는 것으로 코헛(H. Kohut, 1971)은 자기애성 성격장애(NPD)로 치료적 접근법을 제시하였다. 나르시시스트 리더는 자신이 생각하는 자아상이 매우 특별하고 우월한 존재로 인식하기에 타인의 인정과 칭찬을 열망하게 된다. 그러나 이와 반대로 자신에 대한 비판에 대해서 매우 공격적인 것으로 받아들여 격렬한 반응을 보인다. 특히 본인의 특별함과 비범한 능력에 대해 무시를 당하거나 주위 사람들이 인정하지 않는다고 느낄 때 그들은 큰 충격에 휩싸이게 된다. 이런 나르시시스트의 분노는 다른 사람들에게 부정적 감정의 표출로 이어지게 되는데, 상대방에게 큰 앙심을 품고 오랜 기간에 걸쳐 화풀이를 하거나 남들 앞에서 보란 듯 깎아내리거나 보복을 취하는 등 자신이 받은 상처를 치유하려 든다.

나르시시스트 리더는 비판을 자기 존재에 대한 위협으로 받아들이며, 이를 견디지 못하고 극단적인 감정적 또는 공격적인 반응을 보인다. 이런 과민반응은 그들의 자존감이 외부의 평가에 크게 의존하고, 자기 자신에 대한 과대평가를 유지하려는 강한 욕구에서 비롯된 것으로 누구라도 비난에 대해 자유로울 수는 없지만 스스로를 돌이켜 볼 줄 알아야 한다.

● **나르시시스트 대응노트 (2) - 화산 피해를 줄이는 방법**

① **나르시시스트의 비난과 분노에 대해 침묵하라**

어떠한 항변도 무용지물이다. 우선 침묵을 지키는 것이 가장 최선의 답이다.

맹렬한 비난의 화살이 점차 무력해질 때까지 침묵을 유지하며, 마음속으로 참을 인(忍) 자를 새긴다. 더불어 호흡을 조절하는 것이 중요하다.

② **나르시시스트의 공격을 그저 흘려보낸다**

나르시시스트와의 결별 전까지 나를 지키는 것이 가장 중요하다.

나르시시스트의 모든 비난과 언어공격에 대해 옳고 그름을 따질 필요가 없으며, 더욱이 나에 대한 개인적 모욕이라 여기지 말고 나르시시스트의 자기중심적 해석으로 이해한다.

③ 우월감에 대해 긍정적 표현을 사용한다

"말씀 주신 내용 잘 들었습니다", "이 부분에 대해 다시 한번 생각하여 부족한 점 보완하겠습니다"로 비교적 훈훈하게 마무리를 유도하고, 나르시시스트의 우월감에 대한 평가를 자제한다.

④ 일시적 휴지기를 갖는다

나르시시스트의 공격이 계속 이어질 경우, 무리하게 논쟁을 하기보다 잠시 자리를 피하는 것이 좋다. "저의 생각/행동이 서로 다르다는 점 이해했습니다. 조금 더 시간을 갖고 말씀 이어 갔으면 합니다"라고 멘트하여 마무리한다.

이 대화법에서는 절대 나르시시스트 리더가 흥분하지 않도록 표정, 자세, 어조, 말투 등에 주의를 기울여야 한다. 그들은 대체로 민감성이 높을 수 있다. 따라서 너무 담대하지도 않아야 하고, 비굴하거나 또는 무신경한 모습을 보일 경우 나르시시스트의 오해를 부추길 수 있으니 단연코 조심해야 한다.

"분노와 어리석은 행동은 나란히 걷는다.
Anger and folly walk cheek by jowl."

- Benjamin Franklin

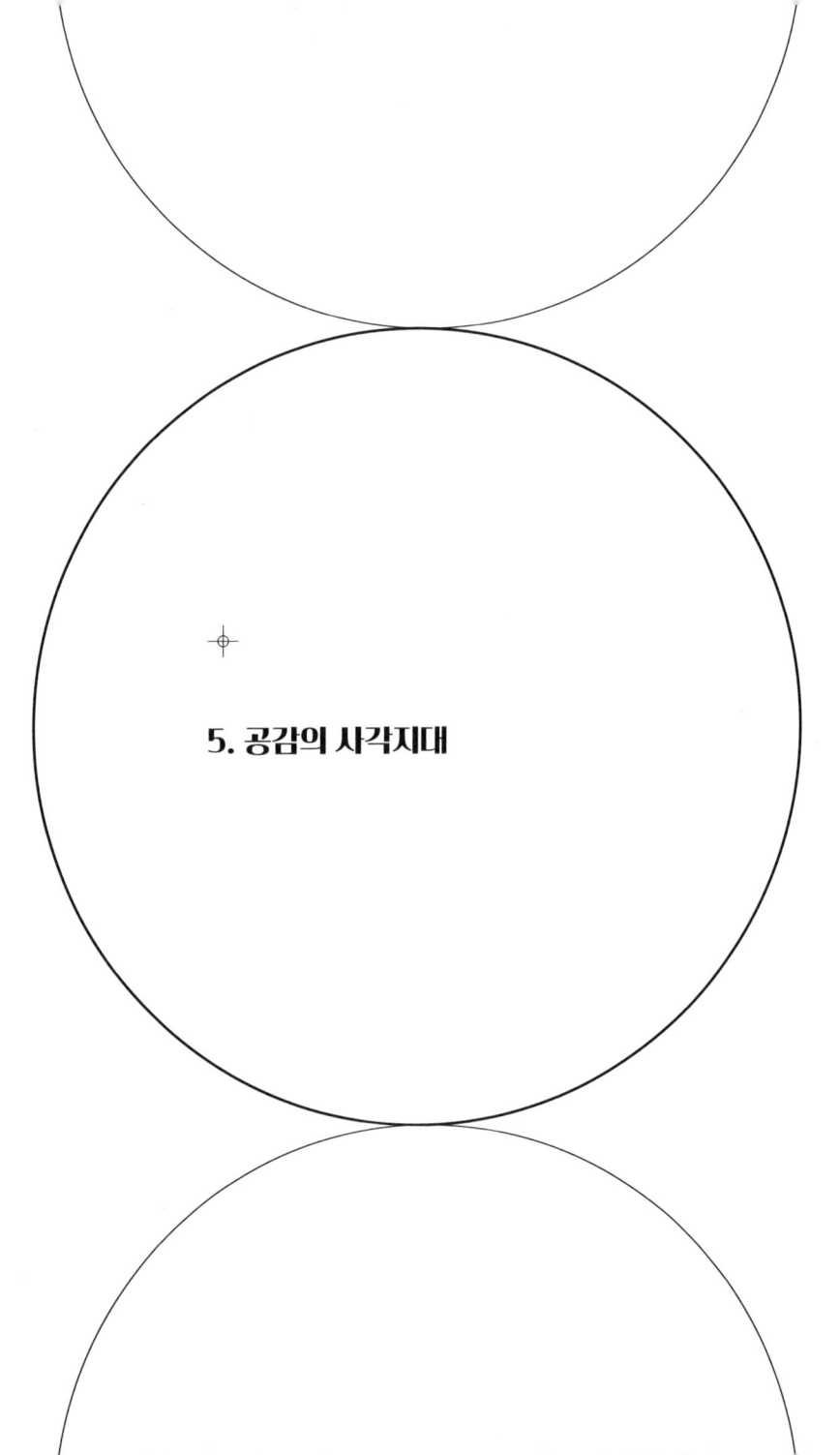

5. 공감의 사각지대

나르시시스트는 타인의 감정에 무관심한 성향을 보이는데, '심장이 없다', '자신의 세계에 갇혀 있다', '일방통행자'와 같이 표현될 수 있으며, 주위와 타인에 대해 공감하지 못하고, 자기중심적 사고를 지닌다.

나르시시스트 리더가 타인의 감정이나 고통에 공감하는 능력이 부족한 것은, 이는 다른 사람의 입장에서 생각하기보다 자신의 욕구와 감정에 더 충실하기 때문이다. 이들은 다른 사람이 느끼는 고통이나 불편함에 대해 관심이 적고, 심지어 타인의 감정적인 반응을 무시하거나 경시할 수 있다.

따라서 나르시시스트는 타인의 고통을 경시하거나 심지어 조롱하기까지 하는 행동을 보일 수 있다. 이는 그들이 자신을 우월하게 여기며, 타인의 감정이 자신의 강력한 자아에 영향을 미치지 않는다는 믿음에서 비롯한 것으로 이런 태도는 인간관계에 심각한 상처와 흉터를 남기게 된다.

● **아돌프 히틀러**

아돌프 히틀러는 자신의 우월주의와 인종차별적 이데올로기에 깊이 빠져, 공감 능력이 결여된 인물로 역사에 남아 있다. 그는 독일 국민을 '순수한 아리안 민족'으로 규정하고, 자신이 생각하는 이상적인 사회를 만들기 위해 유대인을 포함한 여러 민족을 탄압했다. 특히, 유대인을 열등한 민족으로 간주하며 그들을 사회에서 제거해야 할 대상으로 삼았고, 나치 독일의 정치적 목표를 달성하기 위한 수단으로 유대인 학살을 감행했다. 히틀러는 유대인뿐만 아니라 장애인, 집시, 동성애자 등 그가 '열등'하다고 여긴 모든 사람들을 강제수용소로 보내며, 그들의 처참한 고통과 죽음을 무시했다.

그의 결정과 정책은 철저히 비인간적이었으며, 그 과정에서 수백만 명의 사람들이 가스실에서 학살당하거나 강제 노동에 시달리다 목숨을 잃었다. 히틀러의 공감 능력 부족은 그가 정치적, 인종적 이념에 몰두한 나머지, 다른 사람들의 고통을 인식하거나 그들에게 감정적으로 반응할 능력을 잃었음을 보여 준다. 그는 오로지 자신의 정치적 목표를 달성하고, 독일 민족의 '순수성'을 유지하기 위한 목적으로 수많은 생명을 희생시켰다. 이러한 공감 결여는 히틀러가 인류 역사상 가장 잔혹한 범죄를 저지른 주요 원인 중 하나로 꼽힌다.

● **조커**

필립스, T. 감독의 영화 〈조커〉(2019)에서 주인공 아서 플렉은 점점 심리적으로 불안정해지며 폭력적인 행동을 보이기 시작한다. 그는 사회에서 소외감을 느끼고, 정신적 고통 속에서 살아가고 있었으며, 이로 인해 감정적 불안이 극에 달한다. 그러던 중, 갑작스런 해고를 당한 아서는 광대 분장을 한 채로 지하철에 오르게 된다. 지하철 안에서 술에 취한 남성 세 명이 한 여성에게 치근덕대는 모습을 보게 되지만, 아서는 그 상황에 개입하지 못하고 지켜만 본다. 이때 웃음 발작을 일으키는 자신의 지병이 도지면서 상황이 갑자기 악화되어 남성들은 아서의 갑작스런 웃음을 자신들을 조롱하는 것으로 오해하고, 그를 심하게 구타하기 시작한다.

구타를 당하던 아서는 갖고 있던 총을 꺼내 두 명의 남성을 즉시 사살한다. 마지막 남성은 도망치려고 하지만 아서는 그를 쫓아가 다리에 총을 쏘고도 멈추지 않고 끝내 그를 확인사살 하게 된다. 이 장면은 아서가 그동안 억눌러 왔던 분노와 억울함이 폭발하는 순간을 잘 보여 준다. 이후 아서는 점점 광기에 사로잡히는 과정을 드러내며 타인의 감정과 고통에 무심한 반응을 보이게 된다.

히틀러와 조커의 예는 잔혹한 반사회적 행동으로 나타

난 예이지만 나 이외의 주변인들에 대한 감정적 외면은 엄청난 비극을 초래한다는 것을 보여 주기도 한다.

"동정심은 모든 도덕성의 근본이다.
Compassion is the basis of all morality."

- Schopenhauer

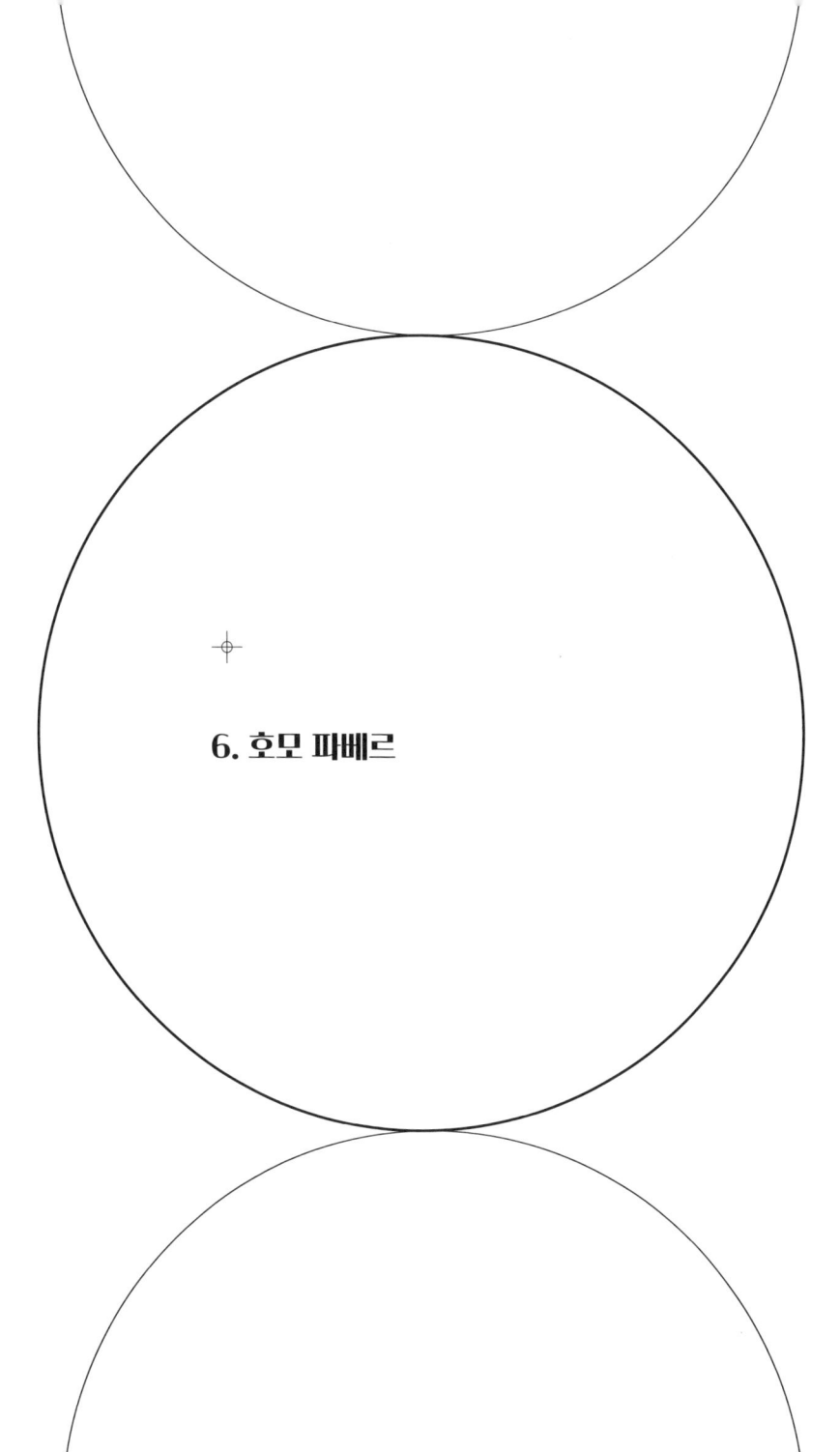

6. 호모 파베르

'호모 파베르(Homo Faber)'는 인간이 도구를 사용하고 환경을 창조적으로 변화시키는 존재라는 것을 뜻하는 표현이다. 나르시시스트 리더는 타인을 마치 자신의 성공과 권력을 얻기 위한 도구처럼 여기고, 필요할 때는 타인을 가까이 두고 이용하지만 쓸모가 없다고 판단되면 쉽게 내동댕이친다. 공감 능력도 부족해 타인의 감정이나 상황에는 전혀 관심을 기울이지 않으며, 오로지 자신의 목표를 달성하기 위한 수단으로만 타인을 바라본다. 이런 나르시시스트는 사람을 소중한 관계로 보기보다는 필요할 때 사용하는 도구처럼 인식하며, 자신의 성공을 위해서라면 언제든지 그 '도구'를 교체하거나 버릴 준비가 되어 있다.

● 신데렐라의 계모와 의붓자매들

　신데렐라는 사랑하는 부모님을 모두 잃고, 새어머니와 의붓자매들과 함께 살게 된다. 하지만 신데렐라는 그들의 심부름꾼이 되어, 온갖 집안일을 도맡아 하며 고된 나날을 보낸다. 아침부터 저녁까지 쉴 틈 없이 일하는 그녀는 항상 그을린 재 속에서 살다 보니 결국 '신데렐라'라는 별명까지 얻게 된다.

　그러던 어느 날, 왕자가 왕자비를 찾기 위해 성대한 무도회를 연다는 소식이 전해지며 왕국의 모든 처녀들이 초대되었다. 그러나 신데렐라의 새어머니와 의붓자매들은 신데렐라에게 더 많은 집안일을 떠넘기고, 그녀가 어머니에게서 물려받은 드레스를 갈기갈기 찢어 무도회 참석을 방해한다. 요정의 도움으로 무도회에 참석한 신데렐라는 약속된 자정이 되어 유리구두 한 짝을 남기고 달아난다.

　유리구두의 주인을 찾기 위해 왕자가 신데렐라가 사는 집에 도착한 날, 새어머니와 의붓자매들은 자신들이 유리구두의 주인이라 주장하며 왕자 앞에서 허영심을 드러낸다. 신데렐라는 하녀처럼 무시당하며 유리구두를 신어 볼 기회조차 주어지지 않지만, 왕자는 그녀를 알아보고 신데렐라가 유리구두의 주인임을 확인하게 된다.

새어머니와 의붓자매들은 자신들만이 왕자의 사랑을 받을 자격이 있다고 믿고, 신데렐라를 깎아내리며 그녀를 하녀처럼 부리려 했지만, 결국 신데렐라의 선함과 아름다움이 승리하게 된다. 이야기 속 새어머니와 의붓자매들과 같이 나르시시스트는 자기애가 과도하고 타인의 입장에 대한 이해와 공감이 결여돼 있을 뿐 아니라 타인을 도구화하여 자신의 명성을 유지하고 이익을 강화하기 위해 조종하고 활용한다. 반면 자신에게 더 이상 이롭지 않다 여기게 되면 냉대하거나 관계를 단절시키려 한다.

● **나르시시스트 대응노트 (3)**

① 나르시시스트 리더는 자신에 대한 칭찬과 인정을 중시하므로, 적절한 타이밍에 리더의 성취나 능력을 인정해 준다.

② 어떤 결과물에 대한 성취는 나르시시스트 리더의 공로로 되돌려 주목받고 싶어 하는 욕구를 만족시켜 준다.

③ 혹시 업무 중 또는 그 결과물에 대한 실수나 과오에 대해 나르시시스트 리더는 그 잘못을 타인에게 전가하려 하므로, 과정과 진행사항에 대한 내용들을 기록하여 근거를 마련한다.

④ 나르시시스트 리더와의 감정적 휘둘림에 피해 받지 않도록 정확한 업무의 범위와 경계를 자주 확인한다.

"성공한 사람보다는 가치 있는 사람이 되려 하라.
Try not to become a man of success but rather to become a man of value."

- Einstein

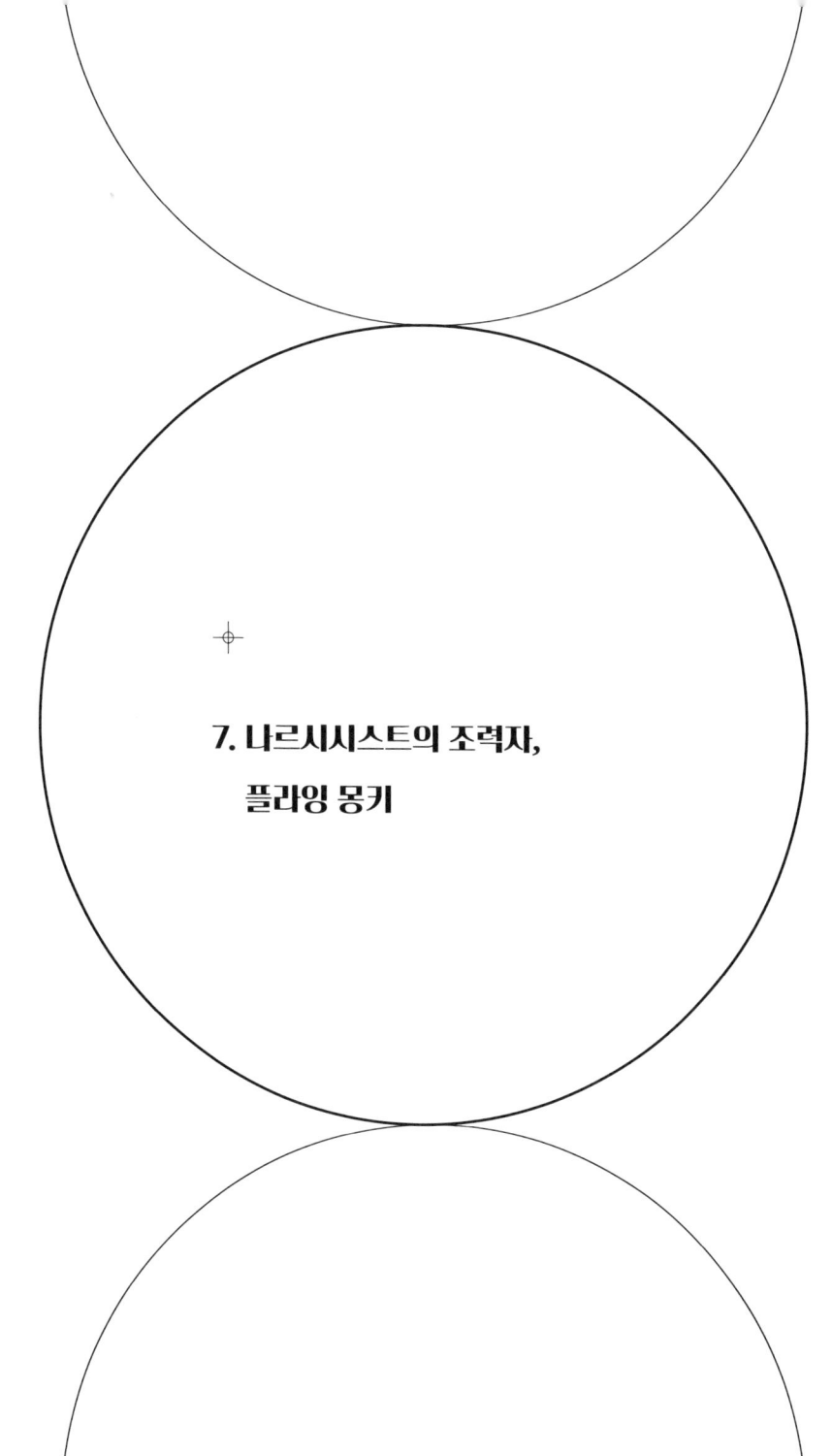

7. 나르시시스트의 조력자, 플라잉 몽키

'플라잉 몽키(Flying Monkey)'는 문학작품 『오즈의 마법사』에서 날개 달린 원숭이들을 뜻하는 말로, 사악한 마녀가 자신의 목적을 이루기 위해 이용하는 존재들이다. 이 용어는 현대 심리학에서 나르시시스트가 자신을 위해 조종하거나 이용하는 사람들을 가리킬 때도 사용된다.

나르시시스트는 자신의 목표를 달성하기 위해 플라잉 몽키들을 동원해 타인을 공격하거나 상황을 자신에게 유리하게 조작한다. 이들은 종종 자신이 나르시시스트에게 이용당하고 있는지 모르고 그들의 도구가 된다. 다시 말해 플라잉 몽키는 나르시시스트의 전략적 수단으로 쓰이는 존재들로 자신이 그들의 계획에 휘말려 있다는 사실을 인식하지 못한 채 나르시시스트를 돕게 되는 것이다.

● 오즈의 마법사

캔자스의 평화로운 시골 마을에 살던 도로시는 어느 날 갑작스럽게 몰아친 무서운 회오리바람에 휩쓸려 집과 함께 날아가 버린다. 눈을 떠 보니 도로시는 낯선 마법의 땅, 오즈에 도착해 있었고 집으로 돌아가는 길을 찾기 위해 도로시는 오즈의 마법사를 만나기로 결심한다.

이 여행 중 도로시는 특별한 세 친구를 만나게 되는데, 뇌가 없어서 지혜를 원하는 허수아비, 심장이 없어 감정을 느끼지 못하는 양철 나무꾼, 그리고 겁이 많아서 용기를 간절히 원하는 사자다. 이 세 친구는 각자 자신의 소원을 이루기 위해 도로시와 함께 오즈의 마법사를 찾아 나서며 그들의 흥미진진한 모험이 시작된다.

도로시가 오즈에 도착하면서 얻게 된 빨간 루비 구두는 단순한 구두가 아닌 강력한 마법의 힘을 가지고 있었고, 서쪽의 나쁜 마녀는 그 힘을 차지하고자 도로시를 끊임없이 위협한다. 마녀는 자신의 마법을 이용해 도로시와 친구들을 괴롭히고, 루비 구두를 빼앗으려 한다.

이때 서쪽 마녀가 동원하는 무시무시한 하수인이 바로 플라잉 몽키들이다. 이 원숭이들은 마녀의 명령에 따라 하늘을 날아다니며, 도로시와 그녀의 친구들을 공격하는데 허수아비를 찢고 양철 나무꾼을 부수는 등 마녀의 가장 강력한 무기로서 도로시 일행에게 큰 위협이 된다. 그러나 도로시와 친구들은 서로의 힘을 믿고 서쪽 마녀의 음모를 물리친다. 플라잉 몽키들조차 마녀의 마법에서 해방되어 더 이상 위협이 되지 않는다. 도로시는 힘겨운 여정을 통해 자신의 소원을 이루기 위한 용기를 키우며 집으로 돌아갈 수 있는 길을 발견하게 된다.

● **플라잉 몽키의 특징**

① 나르시시스트의 편이 되어 나르시시스트를 정당화한다. 플라잉 몽키는 나르시시스트의 말과 주장을 믿고, 피해자의 생각과 의견을 무시하며 나르시시스트와 공생

하는 관계다. 나르시시스트의 명령에 무조건 따르며 복종한다.

② 나르시시스트의 피해자를 고립시키고 소문을 퍼뜨린다. 나르시시스트와 피해자의 관계를 악화시키고, 피해자의 명예를 훼손하는 소문을 퍼뜨리는 등 피해자를 고립시키고 괴롭힌다.

③ 나르시시스트와의 관계에서 이익을 얻는다. 나르시시스트와 특별한 관계임을 인정받고 특별한 대우를 받는다.

④ 자신이 나르시시스트로부터 이용당하고 있다는 사실을 인지하지 못한다.

● 플라잉 몽키 판별하는 법

① 나르시시스트 리더의 매력에 빠짐

나르시시스트의 매력적인 모습, 예를 들어 권력, 부, 명예, 학식 등과 같은 요소에 매력을 느끼고 자신이 따르고 복종해야만 하는 대상으로 인식한다. 그리고 나르시시스트에게 복종하지 않으면 자신에게 해가 될 수 있다는 심각한 두려움을 느낀다.

② 타인에 대한 무관심

나르시시스트와 유사하게 타인의 감정에 대해 무관심하여 공감 능력이 부족하다.

③ 죄책감을 느끼지 못함

나르시시스트의 잘못된 행동에 대해 인식하지 못하고, 나르시시스트를 따르는 것에 대한 죄책감이 없다. 다른 사람에게 상처를 주고 있다는 사실을 인지하지 못하거나 외면하려 든다.

④ 나르시시스트에게 의존함

나르시시스트에게 의존함으로써 자신감을 얻고, 그로 인해 이득을 얻게 된다.

플라잉 몽키는 나르시시스트로부터 이용당한다는 사실을 모를 수 있으나, 오히려 나르시시스트의 행동을 정당화하는 데 앞장서서 정의로운 일을 한다고 생각한다.

"네 믿음은 네 생각이 된다. 네 생각은 네 말이 된다.
네 말은 네 행동이 된다. 네 행동은 네 습관이 된다.
네 습관은 네 가치가 된다. 네 가치는 네 운명이 된다.
Your beliefs become your thoughts. Your thoughts become your words.

Your words become your actions. Your actions become your habits.

Your habits become your values. Your values become your destiny."

- Mahatma Gandhi

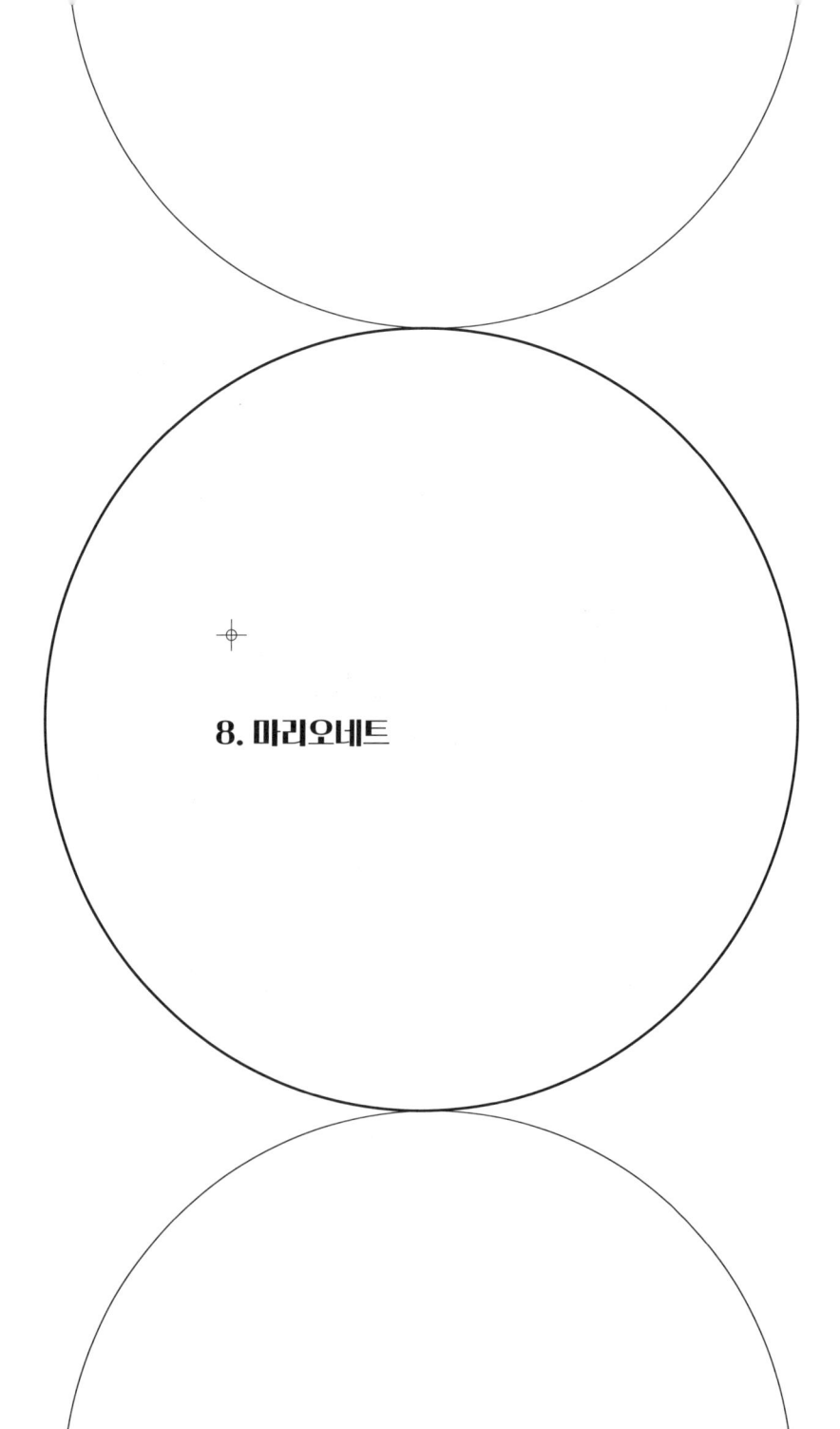

8. 마리오네트

나르시시스트 리더는 앞서 설명한 여러 기질적 특징을 보이면서 내면의 불안정한 자존감이 자리하고 있다. 겉으로 드러나는 자신감과 우월감과 같은 특권 의식 이면에 깊이 자리 잡고 있는 불안감은 오히려 모든 상황에 대해 자신이 직접 통제하고 결정해야만 한다는 당위성과 압박감을 갖게 한다.

또한 타인의 눈에 비친 자신감과 우월한 존재감을 돋보이기 위해 다른 사람을 통제하고 자기 마음대로 조종하고자 하는 강한 욕망에 사로잡히게 된다.

● 지킬 박사와 하이드

헨리 지킬 박사는 뛰어난 명망을 가진 과학자이자 의사로, 인간 내면에 존재하는 선과 악을 분리하려는 실험을 시도한다. 그는 이 실험을 통해 특정 약물을 개발하게 되고, 이 약물을 마시면 악한 본성을 가진 또 다른 인격체인 에드워드 하이드로 변신할 수 있는 능력을 얻게 된다. 반면 하이드로 변신한 지킬은 본능적이고 폭력적인 행동을 저지르며, 사회적 규범과 도덕적 제약에서 완전히 벗어나 자신이 억눌러 왔던 어두운 욕망들을 마음껏 풀어놓게 된다.

처음에는 지킬 박사가 자신의 의지대로 언제든지 두 인격을 오갈 수 있었기 때문에 그는 필요할 때만 하이드로 변신하며, 다시 지킬의 모습으로 돌아올 수 있다는 자신감에 차 있었다. 그러나 시간이 흐르면서 점차 하이드로 변신하는 빈도가 늘어나고 지킬 박사는 점점 더 자신을 통제하기 어려워진다. 하이드는 시간이 지날수록 더 폭력적이고 파괴적인 행동을 일삼게 되고, 마침내 살인까지 저지르는 지경에 이르게 된다. 지킬 박사는 하이드의 악한 본성을 억제하려고 하지만, 하이드의 힘은 점점 더 강해져 통제 불가능한 상황으로 치닫게 되고, 결국 지킬과 하이드 사이의 갈등은 극에 달한다.

이 작품에서는 지킬과 하이드라는 인물을 통해 인간 내면에 존재하는 선과 악의 이중성을 탐구한다. 반면 이를 나르시시스트적인 통제와 결정권의 문제로 연결 지어 설명할 수 있다. 비록 지킬 박사를 전형적인 나르시시스트로 규정하기는 어렵지만, 그가 선과 악을 분리하는 약물을 발명할 때 느낀 자만심은 나르시시스트적 성향을 내포하고 있다. 지킬은 자신의 과학적 능력을 믿고, 그 힘을 통해 인간의 도덕적 갈등을 해결할 수 있다고 확신하게 되는데, 이 과정에서 그는 자신의 실험이 가져올 위험을 과소평가하며 자신의 능력에 대한 과도한 신뢰를 보인다. 또한, 하이드라는 인격을 통해 자유롭게 부정적인 감정과 충동을 표출하려는 욕구 역시 나르시시스트적인 면모를 드러낸다. 하이드를 완벽하게 통제하려는 지킬의 시도는 자신의 힘과 영향력을 유지하려는 나르시시스트의 욕구와 비슷한 양상을 띠게 된다.

하이드로 변신한 후 지킬 박사는 자신이 하이드를 완벽히 통제할 수 있다고 생각했지만, 점차 그 통제력이 약해지고 하이드의 악한 본성이 지킬을 압도하게 된다. 지킬 박사가 자신의 능력과 영향력을 과대평가한 결과로, 결국 나르시시스트적 성향이 초래한 비극이라고도 볼 수 있다. 인간의 어두운 면을 인격적으로 분리해 내고, 그것을 통제하려던 그의 시도는 실패로 끝나며, 지킬 박사는 자신이 만들었던 괴물 하이드에 의해 파멸로 끌려가는 것으로 정리할 수 있다.

이러한 나르시시스트의 통제 욕구는 자신이 통제할 수 없는 상황에서 불안감을 느끼는 반면 자신이 갖고 있는 권력을 유지하기 위해 모든 것을 자신이 직접 결정하고 통제하려 든다. 이 과정에서 다른 사람의 의견을 무시하고 비난하며 자신의 주장이 옳다는 것을 강요할 뿐 아니라 자신의 목적을 달성하기 위해 거짓말을 하거나 상대방을 조종하려는 심리적 학대가 나타난다.

"취약함은 용기 있는 행동이다.
Vulnerability Is an Act of Courage."

- Brene Brown

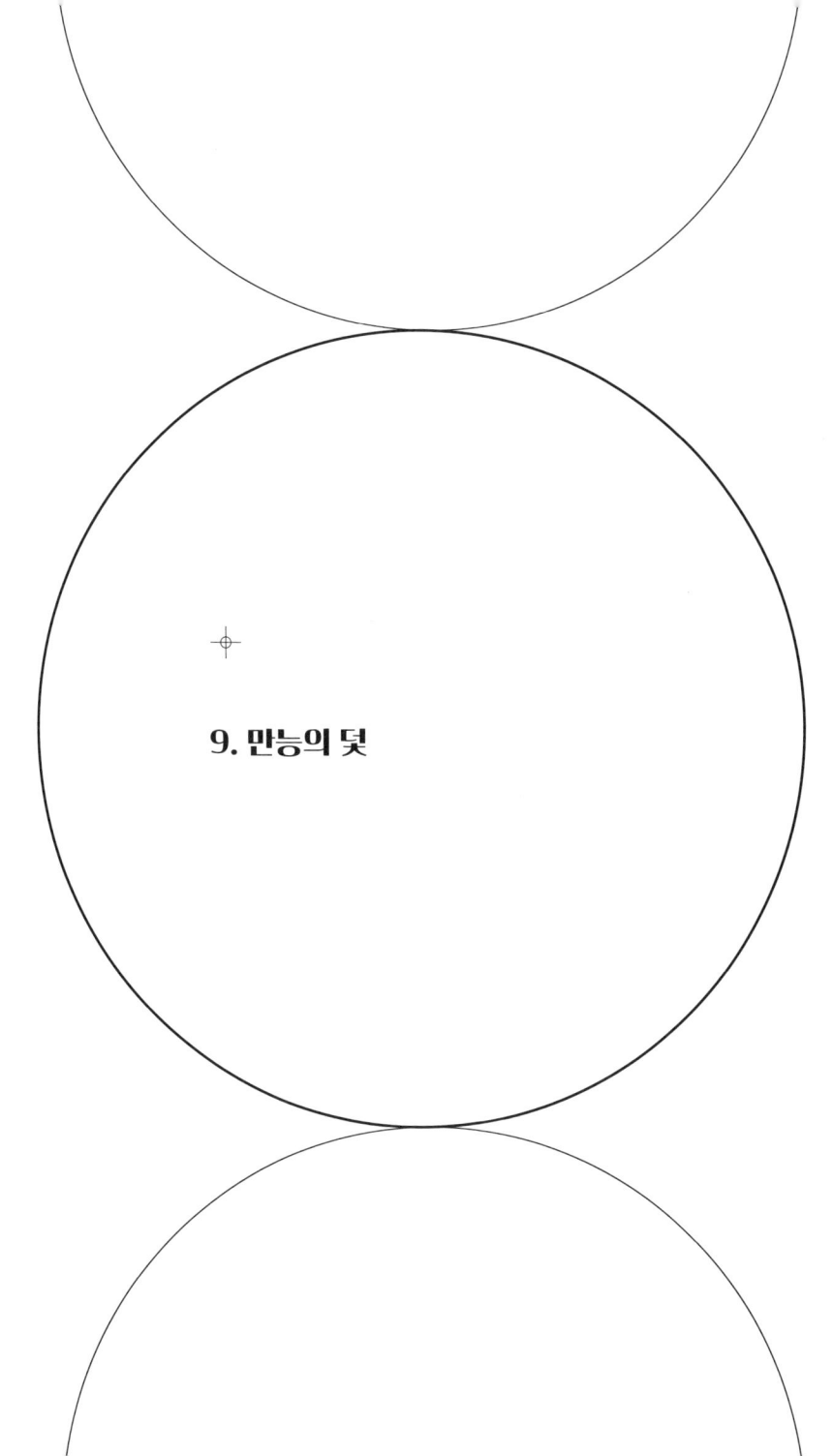

9. 만능의 덫

● 피노키오

　목수인 제페토는 외로움을 달래기 위해 나무를 깎아 작은 인형을 만들고, 그 인형에게 피노키오라는 이름을 붙여 아들처럼 사랑으로 키운다. 어느 날, 피노키오는 기적적으로 생명을 얻어 움직일 수 있게 되고, 제페토는 피노키오를 진심으로 아끼고 돌보며 피노키오도 또한 진짜 소년이 되기를 꿈꾸게 된다.

　하지만 피노키오는 자신의 욕심과 충동을 제어하지 못해 여러 가지 잘못된 선택을 하는데 피노키오는 거짓말을 할 때마다 코가 길어지는 저주에 걸려 자신이 거짓말을 할 때마다 그 결과를 눈앞에서 확인하게 된다. 이러한 행동으로 인해 아버지 제페토의 마음을 아프게 하고 자신도 여러 가지 어려움에 처한다. 친구의 말에 속아 학교에 빠지거나 사기꾼의 꾐에 빠져 돈을 잃기도 하는 등 피노키오는 여러 번의 유혹에 휘말린다.

그러던 중 제페토가 고래의 배 속에 갇히게 되었다는 소식을 듣게 된 피노키오는 자신의 잘못을 뉘우치며 용기를 내어 아버지를 구출하기로 결심한다. 그리고 고래의 배 속으로 들어가 제페토를 구해 내며 이 과정에서 진정한 용기와 희생의 의미를 배우기도 한다.

피노키오의 변화를 본 요정은 그에게 '착한 일을 하고 올바른 행동을 하면 진짜 소년이 될 수 있다'는 약속을 한다. 피노키오는 그 말을 마음에 새기고 더 이상 거짓말을 하지 않으며 책임감 있는 행동을 하기 시작하면서 진정한 선행과 노력으로 요정의 약속을 지켜 나간다. 마침내 피노키오는 진짜 소년으로 변하게 된다.

피노키오는 자신이 나무인형의 모습이라는 현실에 불

만족하고 외적 이미지에 관심이 많아 사람이 되고 싶어 하는 강한 욕망을 갖고 있다. 이는 나르시시스트가 타인의 시선에 매우 민감하여, 어떻게 보이는가에 신경 쓰는 것과 유사하다. 즉 완전한 사람이 되고 싶다는 이상적 욕망을 갖고 있을 뿐만 아니라 자기 중심적인 사고와 행동으로 말썽을 일으킨다. 주위에 거짓말을 일삼고, 무책임한 행동과 자신의 즐거움과 욕구를 추구하는 등 나르시시스트의 모습을 보여 주고 있다.

현실에서 나르시시스트 리더는 탁월한 능력에 대한 환상을 갖는 경우가 있고, 여기에 스스로 매몰되어 매우 이상적인 자아상을 설정하게 된다. 여기에 성공에 대한 무리한 집착으로 돈, 명예, 권력 등 물질적인 성공으로 자신을 증명하려고 하며 항상 다른 사람과의 경쟁에서 이기려고 하는 모습을 보인다. 직장에서 나타나는 양상은 현실과는 동떨어진 비현실적인 목표를 기대하거나 동료 및 직원에게 부여한다. 그리고 그 결과에 대해 또는 자신의 불만족에 대한 원인을 주위 사람들에게 돌린다. 여기에 자신의 기대치와 이상형 및 현실과의 괴리를 타인의 잘못으로 돌려 자신이 만들어 낸 과장된 자아의 이미지를 강화해 나간다.

"현실적인 목표를 세우고, 계속 재평가하며, 일관성을 유지하라.
Set realistic goals, keep re-evaluating, and be consistent."

- Venus Williams

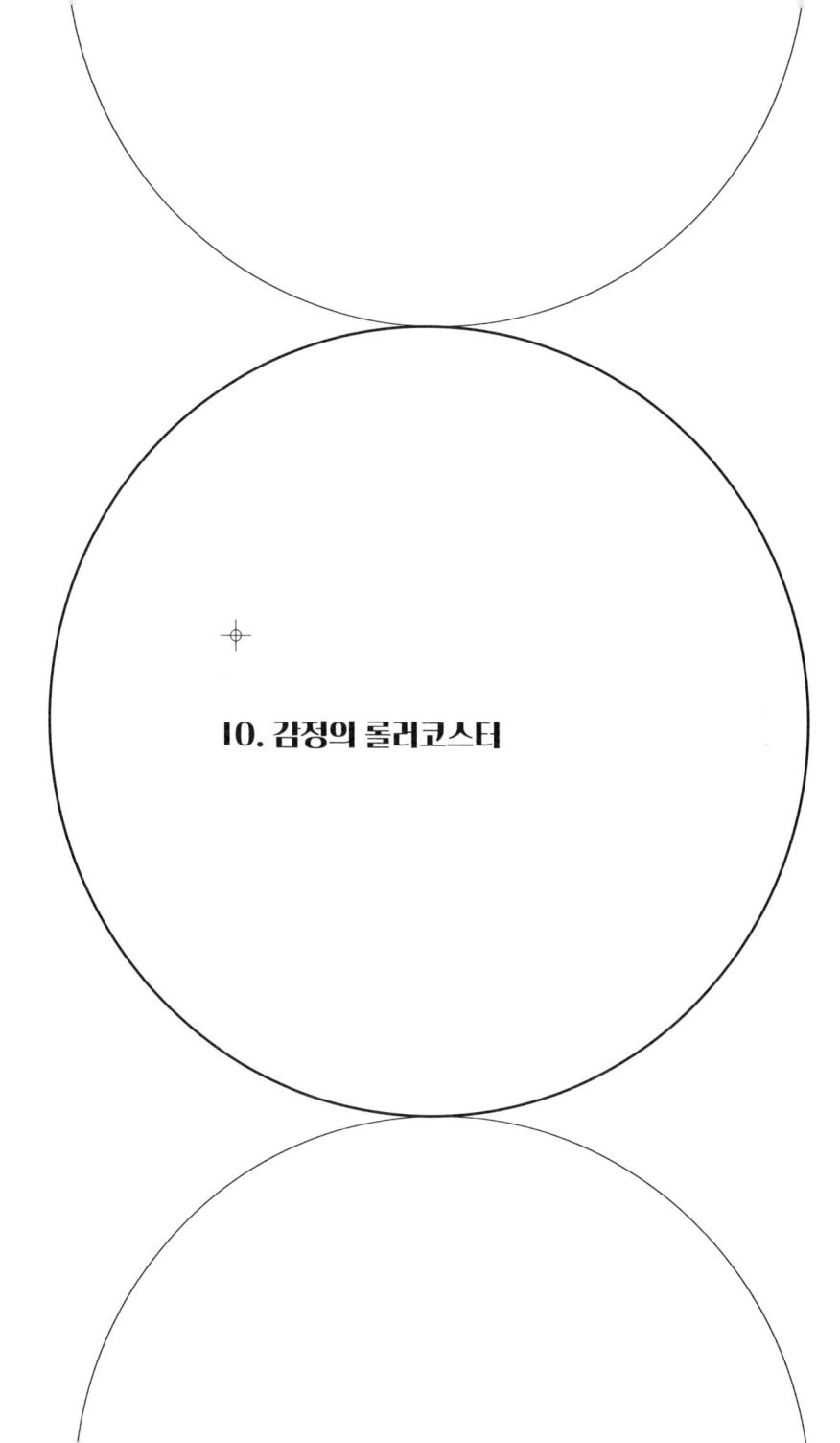

10. 감정의 롤러코스터

나르시시스트는 마치 감정의 롤러코스터를 타는 것처럼, 자신의 감정을 급격하게 변동시킨다. 그들의 내면에는 불안정한 자아가 자리 잡고 있어, 외부 환경에 대한 민감한 반응과 그로 인한 심리적 갈등이 계속해서 발생하게 된다. 외부에서 자신에 대해 긍정적인 평가가 들어오면 금방 우쭐해지고 기분이 좋아지지만, 반대로 부정적인 평가를 받거나 기대했던 관심을 받지 못하면 화를 내고 태도가 급변하는 모습을 종종 마주할 수 있다.

예를 들어, 나르시시스트가 직장에서 칭찬을 받으면 마치 세상을 다 가진 듯한 자기만족감에 휩싸이게 된다. 이런 순간에는 자신이 최고라고 느끼며 주변 사람들에게도 긍정적인 태도를 보인다. 그리고 동료에게 친절하게 대하거나 그들을 높이 평가하는 발언을 할 때도 간혹 있다. 하지만, 만약 동료가 나르시시스트에게 충분한 관심을 주지 않거나, 비판적인 의견을 제시하게 되면 상황은 순식간에 돌변하게 된다. 그 순간, 나르시시스트는 화를 내거나 혹은 냉담하게 반응하며 자신의 감정을 통제하지 못하게 된다.

이러한 감정 변동의 원인은 나르시시스트의 내면 깊은 곳에 자리 잡고 있는 불안감에 있다. 그들은 자신에 대한 확신이 없는 상태에서 외부의 평가에 의존하기 때문에 주변의 반응이 좋으면 기분이 급격히 좋아지고, 부정적인 반응이 오면 불안감을 폭발시킨다. 이때, 그들은 자신의 감정을 조절하기보다는 타인을 공격하거나 심지어 폭력적인 언어를 사용하기도 한다. 반대로 자신에게 유리한 상황이 펼쳐지거나 긍정적인 피드백을 받을 때는 다시 상대방을 칭찬하거나 긍정적인 태도를 취하면서 이중적인 모습을 보여준다.

이런 감정의 급격한 변화 때문에 나르시시스트와 관계를 맺는 사람들은 종종 혼란을 느끼게 된다. 나르시시스트는 자신의 기분에 따라 상대방을 대하는 방식이 극단적으로 달라지기 때문에 그들과의 관계는 예측할 수 없는 변덕스러운 양상을 띠게 된다. 또한, 그들은 자신의 감정을 지나치게 중시하는 경향이 있어 상대방의 감정이나 입장을 고려하는 데 소홀한 경우가 많다. 상대방이 어떤 기분을 느끼고 있는지보다는 자신이 기분이 좋은지 나쁜지에만 집중한다.

앞서 언급한 특성 때문에 나르시시스트 리더와 함께 일하거나 생활하는 사람들은 늘 긴장하게 된다. 나르시시스트가 기분이 좋은 날은 비교적 평화로울 수 있지만 그들의 기분이 조금만 나빠지면 언제라도 폭발할 가능성이 존재하기 때문에 주변 사람들은 그들의 감정 상태를 확인하며 민감하게 반응할 수밖에 없다. 이로 인해 나르시시스트는 직장이나 사회적 관계에서 타인에게 정서적 소모를 강요하는 경우가 많다. 그들과 함께하는 사람들은 항상 눈치를 보며 감정적 안정감을 찾기 어려운 상황에 처하게 되는 것이다.

나르시시스트의 불안정한 자아는 그들의 감정 변동을 심화시키며, 외부 반응에 과도하게 의존하게 만드는 셈이다. 그들은 자신의 감정을 통제하지 못하면서도 그 모든 변화를 마치 정당한 반응인 것처럼 여기고 행동한다. 과잉된 감정의 기복은 나르시시스트가 자기중심적인 세계관을 가진 이유 중 하나다. 그들은 자신의 기분과 상태가 가장 중요하다고 생각하며 타인의 감정이나 생각에는 별로 관심을 두지 않기 때문에 진정한 상호작용이 이루어지기 어렵게 된다.

나르시시스트 리더는 결국 자신의 감정에 얽매여 살아가며 그로 인해 주변 사람들과 끊임없이 갈등을 빚는다.

● **흥부와 놀부**

가난하지만 마음씨 착한 흥부는 형 놀부에게 자주 구박

을 받으며 어렵게 살아간다. 흥부는 열심히 일하고 성실하지만, 많은 식구들과 함께 늘 가난에 허덕이며 가족들을 부양하기 어려운 상황이다. 어느 날, 흥부는 다리가 부러진 제비 한 마리를 발견하고, 불쌍히 여겨 정성껏 치료해 주는데 제비는 흥부의 따뜻한 마음에 보답하기 위해 이듬해 박씨 한 알을 물어다 준다.

흥부는 그 박씨를 심어 정성껏 가꾸었다. 점점 크게 자란 박을 따서 열어 보니 안에서 금은보화가 쏟아져 나와 흥부는 한순간에 큰 부자가 된다. 이 소식을 들은 욕심 많고 이기적인 놀부는 흥부가 부자가 된 것을 시기하여 흥부처럼 부자가 되겠다는 생각에 일부러 제비의 다리를 부러뜨리고 치료해 준다. 제비가 흥부에게 했던 것처럼 놀부에게도 박씨를 물어다 준다. 놀부는 기뻐하며 박씨를 심고 박이 열리기를 기다린다.

하지만 놀부가 심은 박을 열었을 때, 그 안에서는 금은보화가 아니라 도깨비, 귀신, 재앙들이 쏟아져 나와 놀부의 집을 엉망으로 만들고 놀부는 큰 고통을 겪게 된다. 모든 재산을 잃고 가난해진 놀부는 그제야 자신의 욕심과 잘못을 깨닫고 흥부에게 용서를 구한다. 착한 흥부는 그런 형을 용서하고 형제는 화해하게 된다.

놀부는 자신의 욕심과 자아에 대한 넘치는 집착을 가진 나르시시스트적 인물로 볼 수 있다. 그는 동생 흥부가 가난하게 사는 것을 보고도 도와주지 않고, 오히려 흥부가 성공하게 되자 극도의 질투와 분노를 느낀다. 놀부는 자신의 재산과 지위에 대한 자부심이 강하며 그것이 위협받을 때 감정적으로 불안정해진다. 처음에는 부유한 자신에게 만족하고 오만한 태도를 보이지만, 흥부가 성공하자 감정이 급격히 바뀌고 흥부의 성공을 흉내 내려고 하다가 스스로 실패한다. 놀부의 기분 변화와 자기중심적 태도는 전형적인 나르시시스트적 성향을 보여 준다.

"기분이 태도가 되지 말자.

Don't let your mood become your attitude."

- Soo Hyun Kim

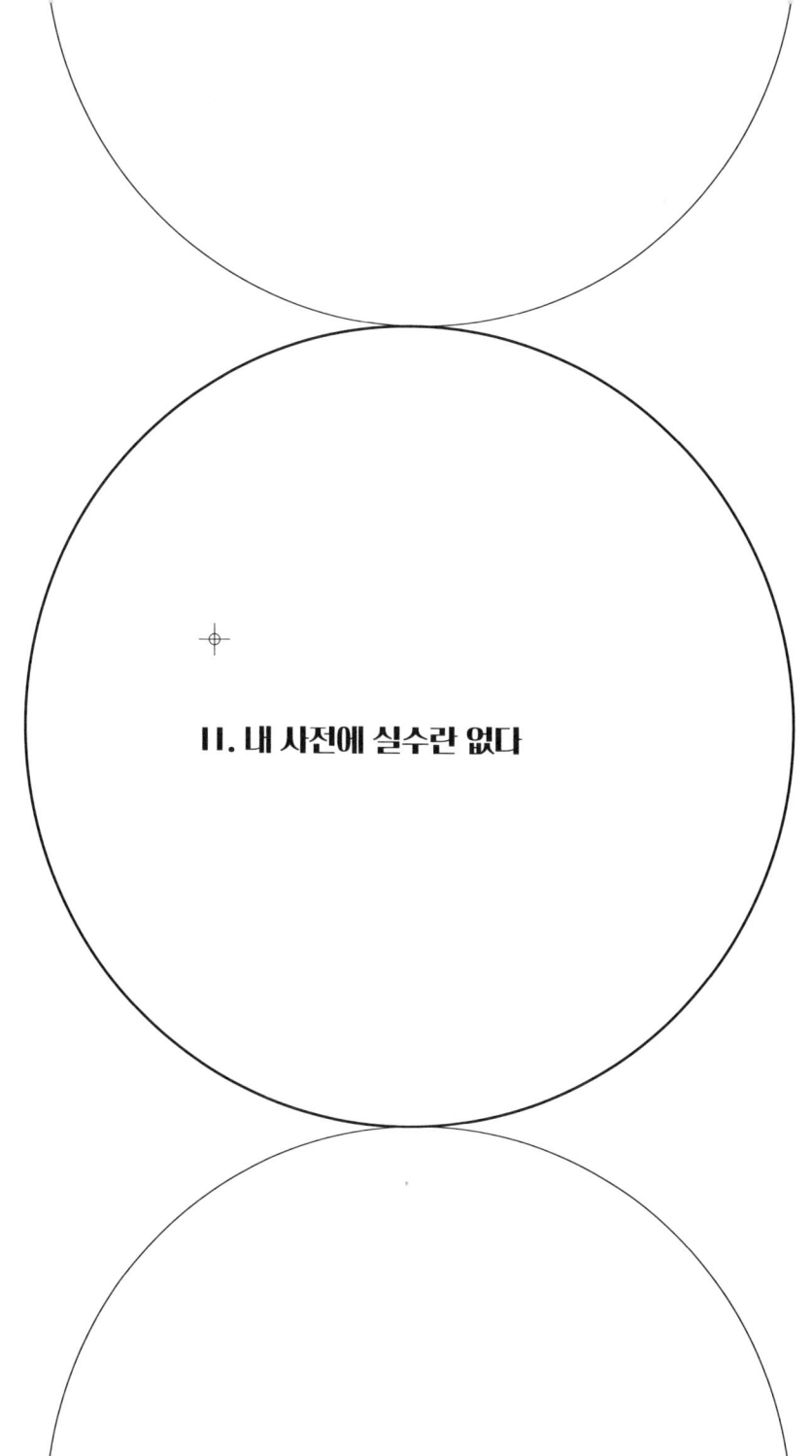

11. 내 사전에 실수란 없다

나르시시스트 리더는 어떤 그룹이나 조직에서 항상 권력을 행사하고 스포트라이트가 자신을 향하는 것에 관심이 많다. 그들은 마치 자신이 중심이 되어야만 모든 것이 제대로 굴러간다고 믿으려 한다. 칭찬과 인정을 받을 때는 세상에서 가장 행복한 사람처럼 행동하지만 일이 조금이라도 잘못되면 그 책임은 절대로 자신에게 있지 않다고 생각한다. 그렇다면, 문제가 발생했을 때 나르시시스트는 어떻게 행동할까? 바로 남 탓하기다.

이들이 가장 잘하는 것은 자신의 잘못을 타인에게 전가하는 것이다. 예를 들어, 팀 프로젝트에서 실수가 발생하면 그 실수의 책임은 결코 나르시시스트 본인이 아닌 것이다.

대신에, "내가 아니었다면 더 엉망이었을 거야!"라며 자신의 공로를 과대평가하고, 문제가 생긴 것은 동료의 부족함 때문이라고 생각한다.

여기서 흥미로운 점은 '내로남불'이라는 말과 이들의 행동이 꼭 맞아떨어진다는 사실이다. '내로남불'은 '내가 하면 로맨스, 남이 하면 불륜'이라는 뜻인데, 나르시시스트는 이 말을 몸소 실천하는 전문가들이다. 자신의 행동은 언제나 옳고, 타인의 행동은 언제나 문제가 있다고 주장하기에 똑같은 실수를 해도 자신이 한 실수는 작은 오해나 상황 때문이라고 합리화하고, 남이 한 실수는 치명적인 잘못으로 치부하는 경향이 짙다.

나르시시스트 리더는 자신에게 일어난 모든 상황을 유리하게 해석하는 능력이 월등하다. 회사에서 중요한 보고서가 늦게 제출되었을 때, 그들은 "환경이 너무 나빴어"라거나 "팀원들이 제 역할을 못 했어"라고 핑계를 대며 외부 요인에 탓을 돌리곤 한다. 이렇게 문제의 원인을 외부에 돌림으로써, 그들은 자신이 항상 옳고 잘못된 행동을 하지 않았다는 착각에 빠져 산다고 볼 수 있다. 실수를 절대로 인정하지 않고, 그 책임을 자신이 아닌 주변 상황이나 사람들에게 떠넘기면서 자기만족에 빠져드는 것이다.

터무니 없는 행동과 태도는 결국 자신을 완벽한 존재로 만들기 위한 방어기제로 설명된다. 나르시시스트는 자기중심적인 세상에서 살고 있기 때문에, 자신의 이미지를 흠 하나 없이 유지하려는 욕구가 강하다. 그래서 문제를 직면하기보다는 회피하고, 타인에게 책임을 넘기는 방식으로 자신을 보호하며 이 과정에서 그들은 자신이 옳다는 결론을 내리고 주변 사람들에게서 인정받기를 원한다.

재미있게도 그들은 이러한 행동을 하면서도 자신이 논리적이고 객관적이라고 생각한다. 하지만 정작 주변 사람들은 그들의 태도에 지치고 때로는 불신을 초래하게 된다. 결국 나르시시스트의 '로맨스'는 본인에게만 통하는 착각일 뿐, 남들이 볼 때는 문제가 많은 사람으로 보일 수밖에 없다.

이처럼, 나르시시스트는 칭찬과 주목을 받기 위해 무엇이든 하면서도 자신에게 불리한 상황에서는 절대 책임을 지지 않고 남 탓을 하는 경향이 있다. 그들이 문제를 해결하는 방식은 자신을 방어하고 타인을 비난하는 것에 그칠 뿐, 진정한 해결책을 찾기보다는 자신의 이미지를 유지하는 데에만 집중하게 된다.

● **나폴레옹 보나파르트**

나폴레옹은 역사상 가장 위대한 군사 지도자 중 한 명으로 손꼽히지만, 나폴레옹이 몰락하게 되는 두 번의 패배가 바로 1812년 러시아 원정 실패와 1815년 워털루 전투 패배다. 그런데 흥미로운 점은, 나폴레옹은 이 중대한 패배들을 자신의 잘못으로 인정하지 않고, 외부 환경이나 다른 사람들에게 책임을 돌리며 변명하려 했다는 것이다.

① 러시아 원정 실패(1812년)

1812년 나폴레옹은 유럽 전역을 휘어잡으며 승승장구하던 시기에 러시아를 침공하기로 결정한다. 그때 그는 대륙봉쇄령을 통해 영국을 고립시키려 했지만 러시아가 이를 무시하고 영국과 교역을 재개하자 화가 난 나폴레옹은 60만 대군을 이끌고 러시아로 향한다. 그러나 이 원정은 그의 가장 큰 군사적 실수 중 하나로 기록되게 된다. 당시 나폴레옹의 군대는 혹독한 겨울 날씨와 러시아의 후퇴 전술로 인해 크게 무너졌다. 러시아군은 직접적인 충돌을 피하면서 나폴레옹의 군대를 지치게 하고, 결국 겨울 추위와 보급 부족으로 프랑스군은 엄청난 피해를 입었다. 결과적으로 나폴레옹은 살아남은 소수의 병사들과 함께 물러날 수밖에 없게 된다.

하지만 나폴레옹은 이 패배를 자신의 전략적 실수로 인정하지 않았다. 그는 "이게 다 혹독한 겨울 탓이야!"라며 기후 조건을 비난했다. 러시아의 추운 날씨가 마치 자신을 '배신한 것'처럼 표현한 것이다. 또한, 러시아군의 후퇴 전술에 대해서도 불만을 터트렸는데 "정정당당하게 싸우지 않고 도망만 다녔다!"며 상대방의 비겁한 전술을 탓했다. 결국, 나폴레옹은 자신의 무리한 전략이나 준비 부족은 외면한 채 외부 요인에만 책임을 돌리면서 자신의 패배를 합리화하려 했다.

② 워털루 전투 패배(1815년)

나폴레옹의 마지막 전투인 워털루는 그에게 결정적인 패망을 알리는 계기가 된다. 당시 나폴레옹은 엘바 섬에서 탈출해 다시 한 번 황제의 자리에 복귀했지만, 워털루 전투에서 패하며 그의 권력은 완전히 붕괴된다. 이 전투는 사실상 그의 마지막 기회였으며, 많은 이들이 그의 전술적 능력에 기대를 걸었지만 나폴레옹은 예상치 못한 연합군의 강력한 저항에 부딪혀 패배하고 만다.

하지만, 워털루 전투에서 패배한 후에도 나폴레옹은 자신의 잘못을 인정하지 않았다. 대신 그는 군 지휘관들을 탓했는데 "이게 다 마르샬 그루시 때문이야! 그가 즉시에 노

착했더라면 이길 수 있었어!"라며 그루시의 늦은 도착을 비난한 것이다. 또한, "네이의 무모한 기병 돌격이 문제였어!"라며 부하들의 실수를 강조했다. 나폴레옹은 자신의 전략적 판단이 아니라 부하들의 행동이 패배의 주된 원인이라고 주장하며 타인에게 책임을 돌렸다.

이 두 전투는 나폴레옹의 불굴의 의지와 자신감을 보여주지만 실패에 대한 책임 회피라는 면에서도 흥미로운 사례다. 그는 자신이 패배했다는 사실을 받아들이기보다는 환경적 요인이나 타인의 실수로 그 원인을 돌리며 여전히 자신의 이미지를 지키려고 했다. 그의 사전에는 실패가 아닌 실수가 있다.

"인간은 모든 종류의 실수를 하겠지만,
관대하고 진실하며 열정이 있는 한
세상에 피해를 주거나 심각한 화를 부르진 못한다.
You will make all kinds of mistakes but as long as you are generous
and true and fierce you cannot hurt the world,
or even seriously distress her."

- Sir Winston Churchill

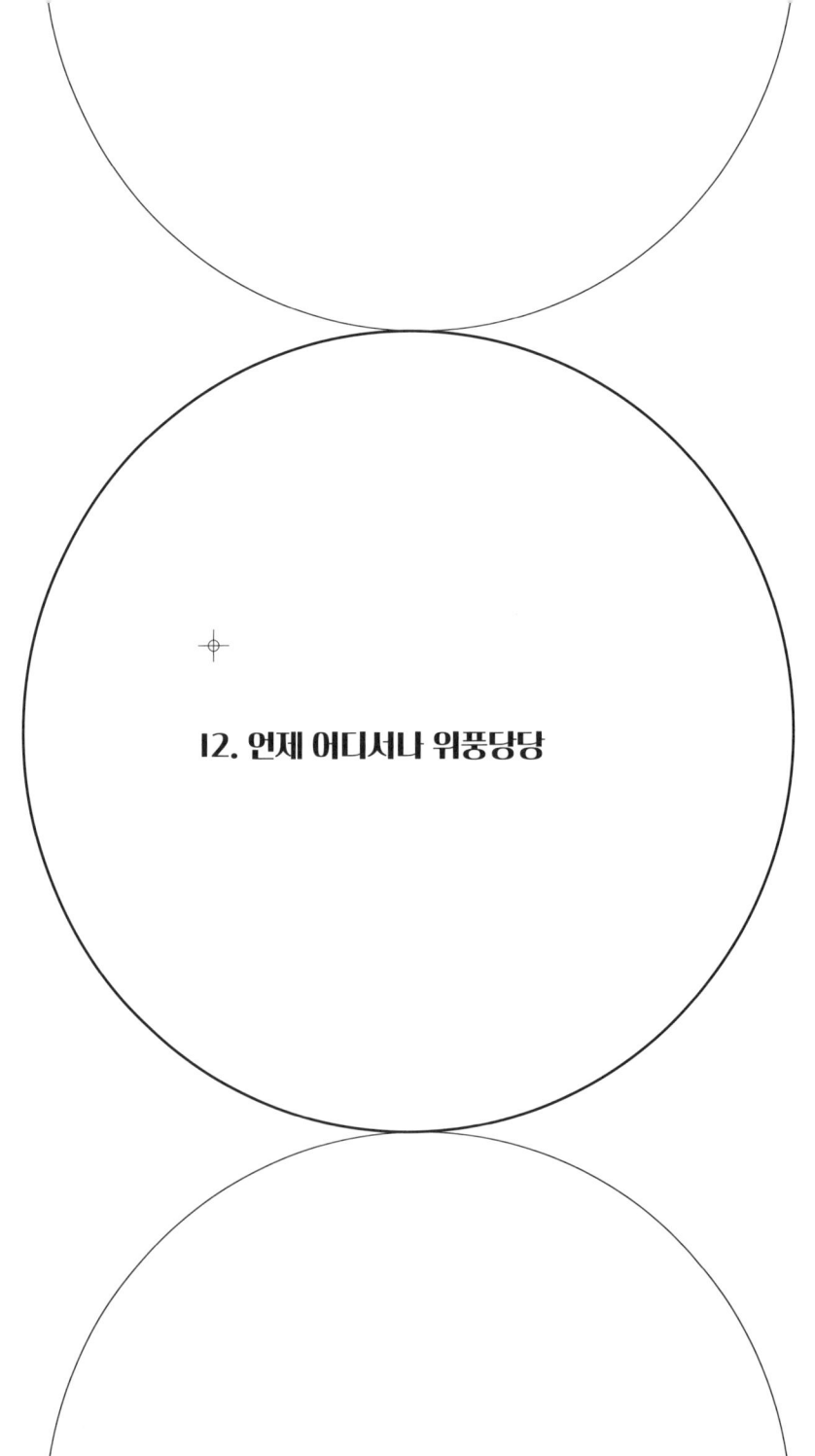

12. 언제 어디서나 위풍당당

나르시시스트는 외부적으로 보이는 이미지에 강하게 집착하여, 자신의 외모, 사회적 지위, 물질적 소유 등을 과시하려는 경향이 있다. 이러한 집착은 종종 타인에게 자신을 어떻게 보여 주는지에 크게 영향을 받으며, 자신의 이미지를 꾸준히 관리하고 포장하는 데 많은 에너지를 쏟게 만든다. 이를 통해 얻는 인정과 찬사를 통해 자신의 가치와 우월성을 확인하려는 경향을 보인다.

- **벌거벗은 임금님**

허영심 많고 멋진 옷을 좋아하는 임금님이 있었다. 그는 옷에 대한 관심이 지나쳐 국가의 일보다는 옷에만 신경을 썼는데 어느 날 두 명의 사기꾼이 스스로를 재단사라 말하며 임금님을 찾아온다. 그들은 자신들이 만드는 멋진 옷은 '어리석은 사람이나 자기 일을 제대로 못 하는 사람에게는 보이지 않는 특별한 옷'이라 말한다. 임금님은 이 말을 듣고 자신이 입으면 현명해 보일 수 있겠다는 생각에 그들에게 옷을 주문한다.

두 사기꾼은 사실 아무것도 만들지 않고 있지만 마치 보이지 않는 천을 짜는 척하며 일을 계속한다. 임금님은 신하들을 보내 그들의 작업을 확인하게 했는데 아무도 옷을 볼 수 없었다. 그런데도 신하들은 어리석은 사람으로 보이기 싫어 옷이 정말 아름답다고 거짓말을 늘어놓게 된다. 임금님도 옷이 보이지 않았지만, 자신이 어리석게 보일까 두려워 옷이 아름답다고 칭찬하며 그 옷을 입고 대중 앞에 위풍당당하게 행진을 한다.

그때 한 아이가 "임금님이 벌거벗었어요!"라고 외친다. 이 말에 대중도 진실을 깨닫게 되고, 임금님은 자신이 속았음을 알지만, 체면을 지키기 위해 끝까지 태연한 척하며 행진을 계속한다.

　이 이야기는 단순히 허영심에 찬 어리석은 임금님에 대한 교훈을 넘어, 나르시시스트 리더가 가진 다양한 심리적 측면을 은유적으로 드러낸다. 허영에 찬 임금은 '똑똑한 사람만 보이는 옷'이라는 속임수에 넘어가며, 자신의 권위에 대한 확신을 통해 자신을 포장하려 한다. 임금은 스스로를 속이며 본인이 옷을 입고 있다고 굳게 믿으며 본심은 자신이 그 옷을 보지 못했다는 불안을 감추려고 한다.

　하지만 임금님의 맹목적인 집착은 주변 사람들에게도 영향을 미치게 된다. 아무도 임금님이 벌거벗었다고 말하지 못하고, 그저 그의 허영심에 따라 행동해야만 하는 분위기가 조성된다. 진실을 말한 아이 외에는 모두가 조심스레 침묵하며 임금님의 허영을 마치 자신의 생각인 양 믿고 따라야만 하는 것이다. 이는 나르시시스트가 외적으로 완벽해 보이기 위해 진실을 감추고, 나아가 주위 사람들까지 그 진실을 부정하게 만드는 상황을 상징적으로 보여 준다.

뿐만 아니라 임금님은 스스로를 설득하며 자기 합리화에 몰두하는데, 비록 눈에 보이지 않더라도, 자신이 입었다고 주장하며, 자신의 결정을 정당화하려고 애쓰는 것이다. 이러한 모습은 나르시시스트가 겉으로 보이는 이미지에 대한 집착으로 자신을 속이고, 심지어 스스로도 속임수에 빠지는 아이러니를 보여 주는 예시다.

- **다원적 무지(Pluralistic Ignorance)**

'벌거벗은 임금님' 이야기는 '다원적 무지'라는 개념을 잘 설명해 준다. 다원적 무지란 집단 내에서 사람들 각자가 실제로는 다르게 생각하지만, 다른 사람들은 자신과 다르게 생각한다고 믿기 때문에 자신의 의견을 억누르고, 다른 사람들의 의견에 맞추려는 심리적 현상을 말한다. 다시 말해, 개개인은 모두 어떤 문제에 대해 의문을 가지고 있거나 다르게 생각할 수 있지만, 주변 사람들이 다르게 행동하거나 생각한다고 착각하면서 자신의 진짜 의견을 표현하지 못하는 상황에 놓이는 것이다.

'벌거벗은 임금님' 이야기에서도 사람들이 임금님이 옷을 입지 않았다는 사실을 알고 있음에도 불구하고, 다른 사람들은 옷을 보고 있다고 믿기 때문에 아무도 진실을 말하지 못한다. 이처럼 다수의 의견에 동조하려는 심리적 압박으로 인해 진실이 가려지는 현상을 '다원적 무지'라 한다.

"진정한 평화는 단순히 긴장이 없는 상태가 아니라,
정의가 존재하는 상태다.
True peace is not merely the absence of tension;
it is the presence of justice."

- Martin Ruther King Jr.

CHAPTER 3
현실과 마주하기

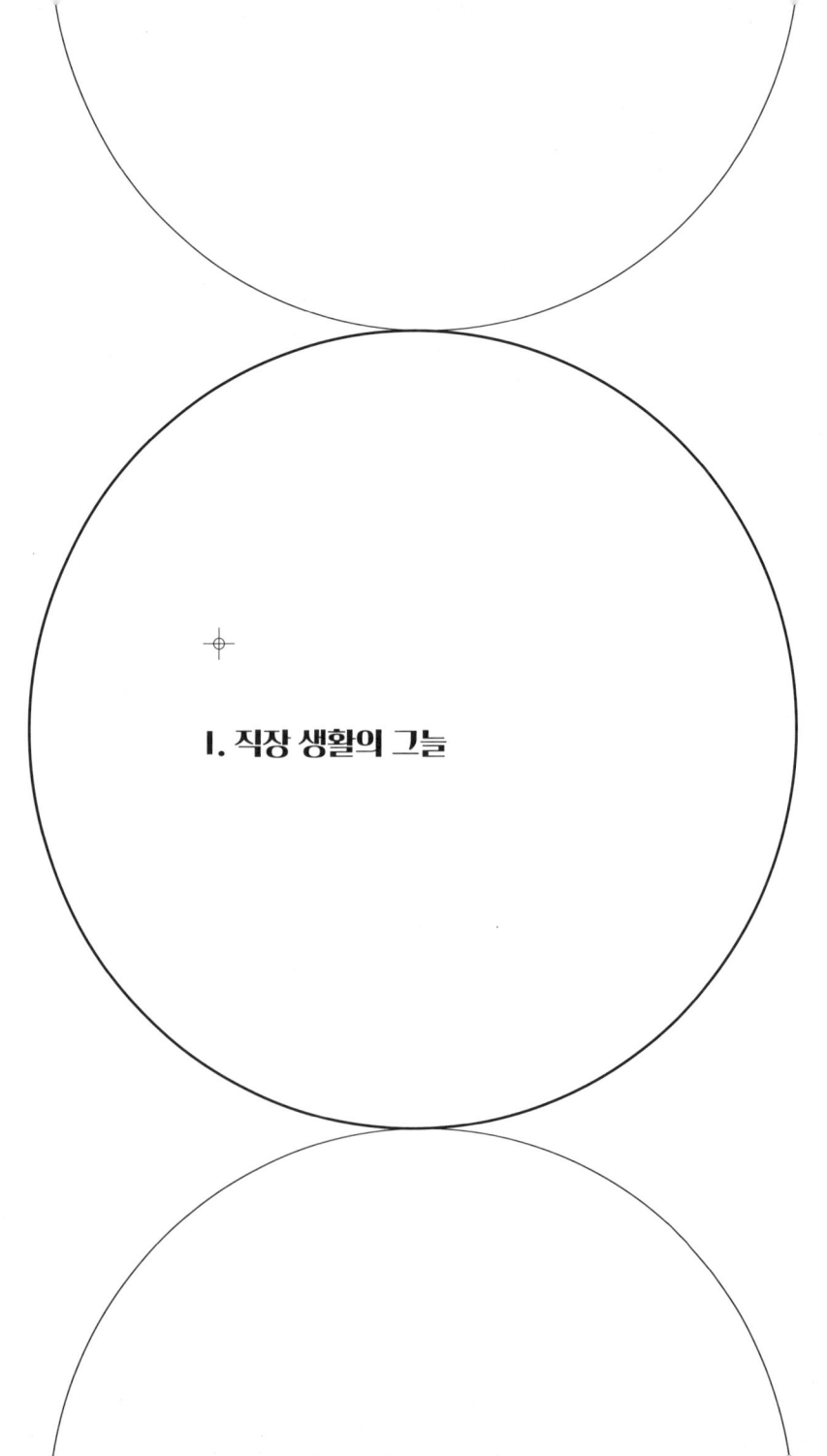

I. 직장 생활의 그늘

지금부터는 직장 속에서 마주치는 현실 속 나르시시스트 리더의 매력적이면서도 피곤한 면모에 대해 들여다보려 한다. 소설이나 영화 속 주인공들에게서 보이던, 매혹적인 동시에 거리를 두고 싶게 만드는 그들의 특징들이 조직 내에서도 고스란히 나타나기 때문이다. 업무가 시작되는 순간부터 퇴근 시간이 가까워질 때까지, 이들은 직장이라는 무대에서 스스로를 빛나는 주인공이라 여기며 주변 사람들에게 때론 지옥을 경험하게 해 준다.

말투 하나하나, 작은 손동작까지 모든 것을 '내가 곧 회사의 중심이야'라는 자세로 거만함을 표출해 내는가 하면, 실패가 발생하면 마치 전혀 자신과는 상관없는 일인 양 구성원 및 또는 팀과 조직 전체의 업무능력에 대해 무차별한 비난을 하려 한다. 그러나 결과가 좋다면? 그건 온전히 '나의 뛰어난 판단' 또는 '개인적 역량' 덕분이라는 말을 잊지 않는다. 한편으로는 카리스마 넘치고 유능해 보일 수 있지만, 차분히 살펴보면 우리가 직장에서 만나는 나르시시스트 리더는 꽤나 다양한 색채와 모습으로 일상 속에서 그려지고 있다.

이제 이런 직장 속 나르시시스트 리더가 어떻게 회사에서 유난히 빛나고, 때로는 주변을 긴장하게 만드는지 한 장, 한 장 넘겨 보며, 가까이 있지만 멀어지고 싶은 그들의 심리를 들여다보고 나를 지키기 위한 최선의 방안을 모색해 보자.

● **직장 내 나르시시스트의 업무적 태도와 행동**

① 부당한 업무를 요구한다.
② 과도하게 통제하고, 마이크로 매니징을 한다.
④ 구성원/팀의 능력을 비판한다.

⑤ 소리 지르거나 위협적인 말, 인격 모독성 발언을 한다.

⑥ 독선적이고 오만하다.

⑦ 성과를 자신의 것으로 만든다.

⑧ 비판을 받아들이지 못하고 방어적이다.

⑨ 업무성과를 깎아내리거나 공개적으로 망신을 준다.

⑩ 의견에 대해 반대하거나 중요하지 않다고 무시한다.

⑪ 실수에 대해 사과하지 않는다.

⑫ 아이디어를 훔친다.

⑬ 정보를 제한하거나 독점한다.

⑭ 직원을 해고/처벌하기 위해 회사정책을 악용한다.

⑮ 비현실적인 목표를 제시하고 구성원들을 압박하여 무력감을 주거나 사기를 저하시킨다.

⑯ 회의/대화에서 항상 주도권을 잡으려 한다.

⑰ 조직에 필요하지 않지만 본인의 욕구 충족과 관심 있는 분야의 프로젝트를 진행시킨다.

⑱ 직접 소통하지 않고 제3자를 개입시켜 간접적으로 의사소통한다.

⑲ 직원을 훈육하는 대상으로 여긴다.
⑳ 근시안적 문제에 집착한다.
㉑ 자신의 기분에 따라 직원을 차별적으로 대우한다.

어느 정도의 차이가 있을지 모르지만, 여기에 언급된 리더의 모습에서 떠올릴 수 있는 리더가 있는가? 물론 리더라면 누구나 조금씩 과한 자신감이나 목표에 대한 고집을 보일 수 있고, 때로는 과감한 추진력으로 팀을 이끌기도 한다. 하지만 이런 특징들이 균형을 잃고 지속되거나 심화된다면, 이야기는 완전히 달라진다. 단순한 결점이나 취향이 아니라 조직 내에 악영향을 미치는 행동 패턴으로 자리 잡게 되기 때문이다.

특히 나르시시스트 성향의 리더가 지속적으로 자신의 이미지와 과시적 성취만을 위해 행동한다면, 구성원들은 서서히 마음의 방어벽을 치기 시작한다. 높다란 관계의 벽이 세워지고 팀워크는 사라지며 개개인의 스트레스와 무력감은 점점 더 커지게 된다. "이 또한 지나가리라"는 생각으로 버티는 사람들도 있겠지만, 결국 지치기 마련이다. 조직 내 '나르시시스트 리더의 독약'이 퍼지면, 구성원들 개개인은 생존 모드로 전환해 심각한 스트레스와 의욕 상실에 시달리며 하루하루를 버틸 뿐이다.

문제는 여기서 끝나지 않는다. 건강한 조직 문화를 만들어 가기 위해 필요한 소통과 공감은 점차 사라지게 되고, 구성원들은 더 이상 팀의 성과나 목표에 마음을 쏟기 힘들어진다. 조직이 더 발전하기보다는 점차 병들어 가게 되는 악순환에 빠질 수밖에 없는 구조다. 그러니 이런 리더십 문제는 조직 내 갈등으로 끝날 사안이 아니라, 조직의 전반적인 생명력과 성공을 저해하는 치명적인 요소가 될 수 있다.

● **나르시시스트 리더 때문에 구성원이 겪는 어려움**

① 슬픔, 분노, 수치심과 같은 감정을 억제할 수 없게 된다.
② 업무만족도가 떨어진다.

③ 자존감이 낮아진다.

④ 무능력감이 생기고, 업무의 능률이 오르지 않는다.

⑤ 수면장애를 겪는다. 악몽을 자주 꾼다.

⑥ 우울증이 발생한다.

⑦ 흡연/음주/약물에 의존한다.

⑧ 경력 상실에 대한 두려움과 이직에 대한 불안감이 형성된다.

⑨ 리더의 단기적 성과를 해결하는 데 초점을 맞춘다.

⑩ 업무에 대한 주도력을 상실한다.

⑪ 저성과자로 낙인찍힌다.

⑫ 심각한 정신적 어려움에 직면한다.

나르시시스트 리더의 병폐적 자기애는 그저 한두 명의 피해자로 끝나는 문제가 아니다. 이러한 리더는 항상 자신의 필요와 인정 욕구를 조직의 우선순위로 두며, 타인의 감정과 의견을 무시하는 경향이 있다. 그로 인해 희생양이 된 특정 구성원뿐 아니라 조직 전체가 부정적인 에너지를 경험하게 되고, 이는 점점 조직 전반에 혼란을 야기한다.

이와 같은 나르시시스트 리더의 지나친 자기중심적 행동은 구성원들의 사기를 떨어뜨리고, 팀의 협력과 신뢰를 파괴한다. 팀원들이 각자 자리를 지키기 위해 방어적이 되거나 자기표현을 자제하면서, 결과적으로 건강한 소통과 협력이 사라지는 것이다. 구성원들은 의욕을 상실하고, 직장 내 분위기는 점점 더 피폐해져 가며, 회사가 기대하는 성과와 발전은 요원해질 뿐이다.

더 심각한 문제는, 이러한 상황이 반복되고 방치될 때, 나르시시스트 리더의 행동이 극단적으로 변할 가능성이 있다는 것이다. 권력을 남용하여 특정 구성원을 공공연히 비난하거나 과도한 업무를 부여하는 식의 괴롭힘이 발생할 수 있다. 나르시시스트 리더가 야기하는 문제는 단순히 개인의 스트레스 수준을 넘어서서, 직장 내 괴롭힘이라는 법적 문제로도 발전할 수 있는 심각한 문제로 대두될 수 있다.

이러하듯 리더십 문제는 조직의 근본을 흔들며, 팀의

전반적인 생산성과 안정성을 저해하는 요인이 될 수 있다. 한 명의 리더가 조직에 미치는 영향을 생각할 때, 나르시시스트적 리더십의 위험성을 과소평가할 수만은 없다.

● 조직의 침묵(Organizational Silence)

"침묵은 더 이상 금이 아니다." 이 말은, 특히 나르시시스트 리더가 있는 조직에서 더욱 현실에 와닿는 얘기가 된다. 회의 내내 불편이 감도는 숨막히는 정적, 잠시 시간이 멈춘 듯한 착각, 조용히 호흡을 가다듬어야 하는 상황이 내내 부담으로 작용한다.

대부분 나르시시스트 리더와의 회의에서는 그가 회의 주도권을 쥐고서 진행방향을 결정하려 하기 때문에 회의 결과는 이미 향방이 정해진 상태에서 참석자들 간 동조를 구하는 식으로 이루어지기도 한다.

뿐만 아니라 나르시시스트 리더는 권위에 대한 도전이

나 반대를 용납하지 않기 때문에, 구성원들은 자신의 생각이나 문제를 표현하는 것을 몹시 두려워하게 된다. 의견을 내거나 문제를 제기하는 경우 리더에게서 불이익을 당할 수 있다는 불안감이 크기 때문에, 결국 많은 직원이 침묵을 선택할 수밖에 없다. 이러한 침묵이 자리 잡으면 중요한 정보가 리더에게 전달되지 않고, 이는 곧 조직 내 의사소통과 피드백이 제한되는 상황을 초래한다.

조직 내에서 침묵이 이어지면, 중요한 이슈나 문제점이 쉽게 드러나지 않으며, 리더가 이러한 문제를 인지하지 못하게 되어 제대로 된 해결책을 마련할 기회를 잃게 된다. 특히 리더가 '내가 다 안다'는 태도로 모든 결정을 내리게 되면, 조직 내 다양한 관점과 아이디어는 무시되며, 같은 실수를 반복할 가능성이 높아진다. 조직이 단 한 사람의 잘못된 결정으로 인해 반복적으로 실패를 경험하면, 구성원들은 자신이 속한 팀이나 회사에 대해 무력감과 좌절을 느끼기 마련이다.

게다가 침묵의 문화가 조직에 퍼지면, 새로운 아이디어나 개선 제안이 이루어지기 어렵게 된다. 조직의 혁신이 멈추고 정체되면서 시장에서의 경쟁력 또한 잃게 된다. 구성원들은 마치 한 걸음도 내딛기 어려운 환경에 갇힌 느낌을 받게 되고, 스스로의 성장이 억압되는 상황에서 의욕을 점점 잃어 갈 뿐이다.

장기적으로 이런 침묵의 문화는 팀워크에도 악영향을 끼치게 된다. 서로 의견을 공유하고 조율해야 하는 조직에서 각자 침묵만 지키는 상황은, 팀워크를 형성하기 어렵게 만들고 각 구성원이 심리적으로 고립된 채 자신만의 방어벽을 치게 된다. 이로 인해 심리적 소진이 가중되고, 결국 조직 생활에서 큰 스트레스와 피로를 느끼게 된다.

무엇보다도 가장 큰 문제는 이러한 침묵의 문화가 굳어지면서, 조직 자체가 점점 더 폐쇄적으로 변하게 된다는 점이다. 구성원들은 자신의 의견이나 피드백이 아무런 가치가 없다고 느끼고, 조직이 자신을 필요로 하지 않는다고 느끼게 된다. 그러한 것으로 구성원들은 업무에 대해 회의적이고 의욕을 잃게 되며 적극적 참여를 꺼리게 된다. 나아가 이런 부정적인 문화가 조직 전반에 천천히 고요한 침묵 속에서 스며들게 된다.

● **삼각화(Triangulation)**

삼각화는 나르시시스트가 조직 내 갈등을 조장하거나 자신의 권력을 확고히 하여 통제력을 행사하려는 전략이다. 이를 통해 구성원 간에 신뢰를 약화시키고 갈등과 경쟁을 유발시켜 조직이 정상적으로 기능하지 못하게 만든다.
직장 내에서 일어나는 삼각화의 유형은 다음과 같다.

① **따돌리기와 이간질**
나르시시스트 리더는 특정 직원을 타깃으로 삼아 그의 업무 능력과 성과를 부정적으로 평가하고, 조직 내에서 낮은 평가를 받도록 만든다. 예를 들어, A라는 직원의 성과에

대해 비난하고 그에게 낮은 평가를 주면서, 그가 조직 내에서 인정받지 못하도록 조작한다. 나르시시스트는 이러한 방식으로 A를 고립시키고, 팀 내에서 소외감을 느끼게 하여 A의 자존감을 낮추려 한다. 반면, 나르시시스트는 B라는 직원에게는 의도적으로 높은 평가를 부여하고, 그를 회사 내에서 능력 있는 인재로 포장하여 다른 사람들 앞에서 B를 띄워 준다. 이를 통해 나르시시스트는 A와 B 사이에 갈등과 경쟁을 유도하며, 자신의 영향력을 강화해 나간다.

② 정보 왜곡

나르시시스트 리더는 직접적으로 A와 대화하지 않고, B를 통해 A에게 자신의 감정과 메시지를 전달하게 한다. 예를 들어, 나르시시스트가 A에게 분노나 불만을 느낄 때, 이를 B에게 전달하여 B가 나르시시스트의 감정을 대변하게 하는 것이다. 이로 인해 A는 나르시시스트의 감정과 의도를 B를 통해 왜곡된 형태로 전달받게 되어 혼란스럽고 불안감이 커진다.

때때로 B는 자신의 이미지를 더 좋게 보이게 하거나 나르시시스트의 신뢰를 얻기 위해, 나르시시스트에게 A에 대한 잘못된 정보를 제공하기도 한다. 예를 들어, B가 A에 대해 과장되거나 부정적인 정보를 나르시시스트에게 전달함으로써, 나르시시스트와 A 사이의 관계를 더욱 악화시키는 역할을 하게 되는데 A는 나르시시스트와 직접 소통할 기회를 잃고, 나르시시스트의 대리인으로서 B가 모든 의사소통을 관리하게 된다.

결국 이러한 따돌리기와 이간질, 정보 왜곡 전략으로 인해 조직 내에서 나르시시스트는 자신에게 유리한 관계를 형성하고, 특정 직원을 고립시켜 심리적인 압박을 가하게 된다. 이는 조직 내에서 불신과 갈등을 초래하고, 나르시시스트의 권력을 강화하는 데 기여하게 된다. 이를 통해 나르시시스트는 책임을 회피하면서도 자신의 의도를 효과적으로 달성하는 결과를 얻고자 한다.

앞서 설명했던 플라잉 몽키와 삼각화의 차이점을 비교

해 보자.

	삼각화	플라잉 몽키
역할	제3자를 끌어들여 두 사람 사이에서 관계를 조종하고 통제	나르시스트의 편을 들어 피해자의 정보를 수집하거나 공격
개입	나르시시스트가 직접 제3자를 개입시킴	플라잉 몽키가 나르시시스트의 지시나 명령에 따름
행동	비교, 정보 왜곡, 소문 유포	감시, 직접적 괴롭힘, 소문 유포
결과	불신, 갈등 회피, 권력 강화, 조작을 통한 관계 통제	대리인(플라잉 몽키)을 통해 책임 회피, 나르시시스트의 영향력 강화

● **나르시시스트 대응노트 (4)**

　나르시시스트가 사람들 사이를 이간질하거나 특정 사람을 경쟁상대로 만들 때, 또 다른 사람과 비교하는 것과 같은 심리적 전술의도를 파악해야 한다. 무엇보다 이런 상황은 나르시시스트가 이용하는 전략임을 이해하고 혼란에 빠지지 않도록 자신을 다독거려야 한다. 다시 한번 강조하지만, 중요한 점은 그들의 말이나 행동에 절대 감정적으로 반응하지 말아야 한다는 것이다. 냉철하고 차분하게 한 발짝 뒤로 물러나 의식적으로 스스로를 진정시키고자 힘써야 한다.

그리고 이처럼 제3자가 중간에 끼어들어 삼각관계가 형성되는 경우 피해자의 명예와 인격이 손상될 우려가 높다. 제3자에 의한 피해를 줄이기 위해 반드시 직접 당사자와 소통해야 한다. 나르시시스트 또한 제3자를 이용하고자 하는 의도가 있기 때문에 정확히 사태를 파악하고 나르시시스트로부터 오해가 형성되지 않도록 한다. 따라서 본인의 의견을 완전무결한 직접 대화로 전달하여 관계가 악화되지 않도록 주의를 기울여야 한다.

① 프로젝트 진행 중간 점검

"ㅇㅇ님, 프로젝트를 원활히 마칠 수 있도록 최선을 다하고자 합니다.

지금까지 진행 사항에 대해 전달 주신 내용이 바르게

적용되고 있는지 확인하고 싶습니다.

혹시 다른 점이 있거나 부족한 점을 말씀해 주시면 개선해 보겠습니다."

만일 중간 점검 중 리더의 요구사항에 변경이 있는 경우 과도한 업무 부과를 방지하기 위해 필요한 자원의 추가 투입과 일자 조정과 같은 업무 진행의 조정이 불가피함을 언급하여 동의를 구한다.

② 구체적인 사례 제시

"○○님, 제 보고서는 중간보고를 드렸으며 0일 자로 기한 내 제출되었으나 아직 피드백을 받지 못해 여쭤보고 싶습니다.

혹시 미진한 사항이 있는지, ○○데이터와 ○○참조 문서에 혼선이 있는지, 어떤 부분에 대해 불만족스러운 점 있으신지 직접 말씀해 주시면 정확히 바로잡도록 하겠습니다."

③ 정중한 태도와 어조 유지

"○○님, 혹시 제 행동에 실제와 다르게 전달되지 않도록 제가 직접 말씀드려야 정확한 소통이 가능할 것 같습니다.

(회의, 프로젝트, 프리젠테이션 등)의 성과를 달성하기 위해 노력하고 있으며, ○○님이 지원해 주신 업무에 대해 감사하며 팀워크를 존중하고 있습니다. 이 상황에서 다른 점이 있는지, 제가 놓친 부분이 있는 궁금합니다.

더 나은 방식을 말씀해 주시면 감사하겠습니다."

"세상은 영웅의 거대한 추진력에 의해서만이 아니라, 성실한 일꾼들의 작은 노력들이 모여 움직인다.

The world is moved not only by the mighty shoves of the heroes,

but also by the aggregate of the tiny pushes of each honest worker."

― Helen Keller

2. 독성 리더십에서 벗어나기

● 현실에 직면하기

　나르시시스트 리더의 괴롭힘과 적대감이 지속되는 경우, 대부분은 이를 무시하고 되도록 신경 쓰지 않으려 한다. 그러나 이러한 무대응은 오히려 나르시시스트로 하여금 더욱 그러한 행동을 해도 된다고 하는 암묵적인 지지를 주는 것이기 때문에 오히려 문제를 해결하지 못하고 악화시킬 우려가 있다. 물론 폭언과 오만한 언행을 하는 그/그녀 앞에서 즉각적인 어떤 반응을 내비치게 될 경우 사태는 더 심각하게 변모될 수 있다. 이보다 침착하게 마음을 가라앉히고 그저 잘 보고 듣고 있다는 제스처를 보여 줘야 한다.

조금 더 원활한 관계를 유지하기 위해 나르시시스트의 의견이나 아이디어 공로를 인정해 주면서 나의 의견을 제시하여 나르시시스트와 반대적 입장이 아니라 더 나은 선택과 제안을 위한 진정성 있는 태도를 보여 주는 것이 중요하다. 지나치게 비굴하거나 아부를 의미하는 것은 아니다.

터무니없고 무차별한 나르시시스트의 공격적 태도에 아무 말 못 하고 속으로 앓기만 하면 마음의 병이 깊어지게 되므로, 지금부터는 나르시시스트의 부당한 행위를 객관화할 수 있는 증거와 자료들을 모으고 기록하는 데 노력을 기울인다.

● **감정적 거리 두기**

나르시시스트 리더와의 대화에서는 그가 모든 상황을 자기중심적인 시각에서 해석하고 주장하는 경우가 많기 때문에, 불필요한 논쟁을 피해야 한다. 이러한 논쟁에 휘말리지 않기 위해서는 최대한 간결하고 핵심적인 요점을 중심으로 대화하는 것이 좋으며, 나르시시스트 리더와의 대화를 준비할 때는 객관적인 자료를 미리 준비해 두는 것이 유용하다. 이 자료들은 보고나 회의에서 그가 자의적으로 해석하거나 비현실적인 요구를 할 때 이를 대비하고 뒷받침할 수 있도록 해 준다.

예를 들어, 업무 보고를 할 때는 모든 중요한 정보를 명확하게 정리하고, 자신의 주장을 입증할 수 있는 객관적인 근거를 함께 제시한다. 회의에서도 자료를 기반으로 논리적으로 대화하면, 나르시시스트 리더가 자신의 해석을 강요하기 어려워지기 마련이다.

또한, 나르시시스트와 업무적으로 관계를 유지할 때는 그들이 존중받고 있다는 느낌을 받을 수 있도록 적절한 긍정적 피드백을 제공하는 것도 필요하다. 그들이 자존심을 세울 수 있게 대화하면서도, 자신이 감정적으로 휘말리지 않도록 신중하게 대처해야 하는데 이와 같은 태도는 나르시시스트 리더와의 갈등을 최소화하고, 최대한 좋은 업무

환경을 유지하는 데 도움이 될 수 있다.

그럼에도 불구하고 불합리한 비난이나 공격이 계속된다면, '그것은 어디까지나 그의 생각일 뿐'이라는 마음의 경계선을 확실히 그어야 한다. 이 경계선을 마음속에 분명히 세워 두면, 감정적으로 상처받거나 휘둘리는 대신 자신의 평정심을 유지할 수 있다. 나르시시스트와의 관계에서 감정적 논쟁에 휘말리지 않는 것은 자신을 지키는 첫걸음으로 불필요한 갈등을 피하고 스스로를 보호하기 위해 감정적 거리를 두는 것이 현명한 선택이다.

● **업무활동 기록 남기기**

나르시시스트 리더는 종종 직원의 업무 능력을 깎아내리거나 문제를 제기하면서, 직원의 경력과 전문성을 부당하게 훼손하려 한다. 때론 직원에게 모든 업무를 떠맡기며 A부터 Z까지 모든 업무에 대한 의무를 지우고, 무한대의 책임을 요구하기까지 한다. 이런 상황을 대비하기 위해서 모든 업무 계획, 진행 상황, 결과, 그리고 받은 피드백을 체계적으로 문서로 남겨 두는 것이 중요다. 만약 회의나 미팅에 참석한 경우에도 언제, 어디서, 어떤 내용이 논의되었는지 그리고 참석자가 누구였는지를 정확히 기록해 두어야 한다. 이렇게 하면 나중에 대면조사가 필요할 경우 증거 자료로 사용할 수 있다.

지시 받은 업무가 실현 불가능하거나, 과도한 업무일 경우를 막론하고 먼저 'NO'라는 직간접적인 반응을 보이지 말아야 한다. 우선 'YES'로 응대하고 성의껏 업무를 수행하면서 업무내용과 진행사항 등에 대해 매우 상세하고 구체적인 기록으로 작성한다. 나르시시스트 리더의 불합리한 비난과 업무평가를 대비함으로써 자신의 성과와 노력을 분명하게 증명할 수 있는 자료를 확보할 수 있다.

특히, 나르시시스트가 온갖 여러 가지 이유를 대며 직원의 태도나 능력에 대해 비판할 때에는 그의 요구 사항이 무엇인지 정확히 이해하는 것이 중요하다. 이를 위해 구체적인 목표나 기준이 무엇인지 리더에게 직접 확인하여 상호 이해범위에 다름과 차이가 있는지 알아야 한다. 그리고 불명확하고 범위가 모호한 요구에 대응할 수 있는 명확한 근거를 만들어야 한다. 이렇게 철저하게 준비한 자료를 통해 나르시시스트 리더의 비판이 감정적인 영역에서 벗어나도록 하고 모든 대응 내용을 메모와 기록, 일지로 남겨 두어 리더의 요구에 성실하게 응대했음을 확실히 입증할 수 있어야 한다.

● **자신을 돌보기**

먼저, 나르시시스트 리더와의 관계에서 가장 중요한 것은 업무와 사적인 용무의 경계를 설정하는 것이다. 업무 시간 외에는 연락을 주고받지 않도록 하고, 불필요한 개인적인 정보나 용건을 공유하지 않는 것이 좋다. 이렇게 하면 리더가 당신의 사생활에 과도하게 개입하거나 업무 외 시간을 침해하는 것을 방지할 수 있으므로 이러한 경계 설정은 개인의 정신적 안정과 직장 생활의 균형을 유지하는 데 필수적이다. 경계를 설정하는 과정에서 처음에는 불편함이 따를 수 있지만, 장기적으로는 심리적 안정을 얻는 데 큰 도움이 될 것이므로 이러한 경계를 설정할 때는 명확하고 일관된 태도를 유지하는 것이 중요하다. 일관성이 없으면 리더가 다시 경계를 넘으려 할 수 있기 때문이다.

가장 중요한 것은 나 자신의 정신적 안정과 직업인으로서의 가치를 인정받고 성장하는 것이다. 그러므로 스트레스 관리와 정신 건강 유지에 최우선 순위를 두어야 한다. 규칙적인 운동이나 취미 활동을 통해 스트레스를 해소할 방법을 찾아 실천하는 것이 좋은데 이는 신체적 건강뿐만 아니라 정신적 건강을 유지하는 데에도 큰 도움이 되기 때문이다. 예를 들어, 주 3회 이상 운동을 하거나 좋아하는 취미에 몰두하는 시간을 가지는 것은 일상 속에서 스트레스를 해소하는 데 매우 효과적이다. 또한, 감정 조절과 심리적 회복을 위해 꾸준히 노력하는 것이 중요하므로 명상, 요가, 심호흡 등의 기법을 익혀 일상에서 실천하면 스트레스를 관리하는 데 도움이 될 수 있다. 이러한 활동들은 긴장 완화와 심리적 평온을 유지하는 데 효과적이며, 어려운 상황에서도 감정적으로 안정된 상태를 유지하도록 도와줄 것이다. 이를 통해 직장 내에서의 갈등 상황이나 예상치 못한 스트레스를 더 잘 대처할 수 있게 된다.

또한, 자신을 돌보는 일은 단순히 스트레스 해소에 그치지 않고, 자기 발전과 성장의 기회를 제공할 수도 있다. 예를 들어, 새로운 기술을 배우거나 자신이 좋아하는 분야에서 전문성을 쌓는 것도 정신적인 만족감을 높여 주는 데 큰 도움이 된다. 이는 나르시시스트 리더와의 관계 속에서 스스로의 가치를 인식하고, 그로 인해 받는 부정적인 영향을 줄이는 데 도움이 될 뿐만 아니라 자신의 성장을 통해 자신감이 생기면, 리더의 부당한 요구나 비판에 더 효과적으로 대처할 수 있으며, 자신의 의견을 보다 확신 있게 표현할 수 있게 된다.

그리고 가족과 함께 웃고, 이야기 나누며 좋은 추억을 쌓는 것도 잊지 말아야 한다. 업무와 관계에서 오는 스트레스가 가정생활에 영향을 미치지 않도록 주의를 기울이고 가족의 소중함을 지켜야 한다. 가족과 함께하는 시간은 정신적인 재충전의 기회를 제공하며, 직장에서의 스트레스와 피로를 회복하는 데 중요한 역할을 하기도 한다. 예를 들어, 저녁 시간에 가족과 함께 식사를 하며 하루 동안의 이야기를 나누거나 주말에 가족과 소풍을 가는 것은 좋은 추억을 쌓고 스트레스를 해소하는 좋은 방법이다. 이러한 시간을 통해 가족 간의 유대감을 강화하고, 서로의 지지 속에서 안정감을 느낄 수 있게 된다. 소중한 가족을 지키며 재충전할 수 있도록 스스로를 돌보는 것은 가정에서 긍정적인 에너지를 얻고, 더 건강하고 균형 잡힌 직장 생활을 이어 갈 수 있는 토대가 되는 것이다.

가정에서의 행복은 직장에서의 성과와 직결된다고 볼 수 있다. 흔히 가화만사성이라 하지 않던가? 가족과의 관계가 안정적일 때 우리는 더 집중하고 효과적으로 일할 수 있으며, 가정이 안정적이고 행복할 때 직장에서의 스트레스에도 더 잘 대처할 수 있게 되고, 이는 결과적으로 더 나은 직업 성과를 만들어 낸다. 따라서 가족과의 관계를 소중히 여기고, 이를 통해 직장에서의 성과와 행복을 극대화하는 것이 중요하다. 가족과 함께 보내는 시간은 단순한 휴식의 시간이 아니라, 우리를 더 나은 사람으로 만들어 주는 중요한 시간임을 잊지 말자. 가족이 주는 사랑과 지지는 나르시시스트 리더와의 어려운 관계에서도 우리가 흔들리지 않도록 해 주는 힘이 된다.

● **동료와의 유대감과 지지**

나르시시스트 리더는 피해자를 특정하지 않고, 여러 동료들에게도 비슷한 형태의 부당한 대우를 하는 경우가 많다. 따라서 이러한 상황에서 동료들과 유대감을 쌓아 신뢰를 형성하는 것이 중요하다. 동료와의 유대는 단지 개인의 안정감을 위해서뿐 아니라, 나르시시스트의 잘못된 행동을 객관적으로 바라볼 수 있는 관점을 키우고 서로의 입장에서 힘을 실어 줄 수 있는 근거가 된다.

만약 나르시시스트가 인격 모독에 해당하는 폭언이나 폭행을 지속적으로 자행한다면, 이를 공유할 수 있는 동료와 공감대를 형성하여 나를 지지해 줄 사람들을 확보하는 것이 필수적이다. 이런 공감대는 불합리한 행동을 마주할 때 정서적 지지뿐 아니라 실질적인 대응 전략으로도 기능할 수 있다.

또한, 나르시시스트가 나의 업무성과를 부정하고 무시하려 할 때에는 내 성과를 인정받을 수 있는 구체적인 근거를 준비하는 것이 필요하다. 이를 통해 동료나 제3자를 통해 나르시시스트가 왜곡한 프레임을 해소하고, 나의 기여를 객관적으로 평가받을 수 있도록 힘써야 한다.

한편 동료들과 유대감을 형성할 때도 조심스러움이 필요하다. 때때로 리더에 대한 불만이 공통의 대화 주제가 될 수 있지만, 소문이나 험담에 가담하는 것은 피하는 것이 좋다. 나르시시스트 리더 같은 까다로운 인물이 있거나 민감한 상황에서는, 이러한 대화가 쉽게 리더에게 전달될 수 있기 때문에 더욱 주의가 필요하다. "발 없는 말이 천 리 간다"는 속담이 있듯이, 직장 내에서 작은 이야기라도 예상보다 훨씬 빠르게 퍼질 수 있다는 점을 잊지 말아야 한다. 무심코 한 말이 부정적인 결과를 초래하지 않도록 주의해야 한다.

대화를 할 때는 자신의 감정을 지나치게 드러내지 않고, 가능한 한 차분하고 객관적인 태도를 유지하는 것이 중요한데, 나르시시스트 리더에 대한 불만을 표현할 때도 감정에 휘말리지 않고 사실에 기반한 대화를 나누는 것이 현명하다. 이렇게 하면 불필요한 오해나 갈등을 피할 수 있기 때문이다.

또한, 정보를 공유할 때는 신중해야 한다. 업무와 관련

된 민감한 부분이나 개인적인 고민을 나눌 때는 그 정보가 어떻게 사용될지 예측하기 어렵기 때문에, 상대방이 신뢰할 수 있는 사람인지 생각해 보고 대화의 내용을 선택해야 한다. 동료와의 대화를 통해 유대감을 쌓으면서도, 자신과 상황을 지킬 수 있는 지혜가 필요하다.

● **외부지원 및 도움 받기**

만약 회사 내에 고충 상담을 할 수 있는 팀이나 담당자가 있다면, 우선 이곳에 도움을 요청하는 것이 좋다. 회사의 내부 시스템을 통해 문제를 공식적으로 제기하면, 상황을 객관적으로 파악하고 해결할 수 있는 가능성이 높아진다. 공식적으로 보고를 받은 부서나 팀은 나르시시스트 리더의 부당한 행동에 대한 내부 보고 절차를 제공하고, 문제 해결을 위해 필요한 적극적이고 구체적인 조치를 취해야 한다.

하지만 만일 회사에 별도의 고충 상담팀이 없거나 내부

에서 해결이 어려운 경우에는 외부의 도움을 받는 것도 하나의 방법이다. 노동 관련 상담센터나 고용노동부와 같은 공공기관을 통해 법적 권리를 보호받을 수 있는 정보를 얻을 수 있다. 또는 노무사나 변호사와의 상담을 통해 법률적인 조언을 받고, 필요시 구체적인 대응 방안을 마련할 수 있다.

이와 함께 정신 건강을 유지하는 것 역시 매우 중요하다. 나르시시스트 리더와의 갈등이나 지속적인 부당한 대우는 감정적, 정신적으로 큰 부담을 주기 때문에, 필요하다면 심리 상담 센터나 정신건강 전문가의 도움을 받아 문제 해결을 위한 심리적 지지와 회복을 도모할 수 있다. 더욱이 말로 입은 상처는 생각보다 쉽게 치유되지 않을 수도 있기에 마음을 돌보는 일에 우선순위를 두고 상처가 깊어지지 않도록 해야 한다. 이를 통해 단순히 문제를 해결하는 데 그치지 않고, 자신의 건강과 안정도 함께 챙길 수 있어야 한다.

법, 제도 상담	고용노동부 고객상담센터	국번 없이 1350
심리상담	직업트라우마센터	1588-6497
	근로복지넷 EAP	080-080-5988
교육지원상담	한국고용노동교육원	031-760-7777~9

* 고용노동부 직장 내 괴롭힘 예방, 대응 매뉴얼

● **직장 내 괴롭힘 신고**

　직장 내 괴롭힘은 현대 직장에서 빈번히 발생하며 근무환경과 조직문화를 심각하게 저해하는 요소로 대두되고 있다. 이 문제의 심각성을 고려할 때, 피해자는 문제를 해결하기 위해 사내 인사팀 또는 감사팀에 이를 접수하거나, 외부 기관인 고용노동부에 진정서를 제출하는 등의 조치를 취할 수 있다. 다음의 내용은 직장 내 괴롭힘과 관련한 법적 정의와 규정, 그리고 효과적인 대응 방안에 대해 자세히 설명한다.

　고용노동부의 '직장 내 괴롭힘 예방 및 대응 매뉴얼'과 **근로기준법 제76조의2**에 따르면, 직장 내 괴롭힘은 다음과 같이 정의된다.

- **지위 또는 관계상의 우위를 이용한 행위**: 조직 내에서의 상급자, 동료 간의 관계적·지위적 우위를 이용해 이루어짐.
- **업무상 적정 범위를 초과**: 해당 행위는 단순한 업무 지시나 의사소통을 넘어선 과도한 수준으로 판단됨.
- **신체적·정신적 고통 및 근무환경 악화**: 피해자에게 명백한 신체적, 정신적 피해를 야기하거나 근무환경을 악화시키는 결과를 초래함.

이 정의는 단순히 개인 간의 갈등이나 주관적 감정의 영역을 넘어, 객관적으로 판단 가능한 행위를 대상으로 한다.

직장 내 괴롭힘을 예방하고 해결하기 위해 **근로기준법 제76조의3**에서는 다음과 같은 조항을 규정하고 있다.

- **사용자 신고 가능**: 누구든지 직장 내 괴롭힘을 발견하거

나 경험하면 사용자(회사)에 신고할 수 있다.
- **객관적 조사 의무**: 사용자는 신고를 받은 후 즉시 객관적이고 공정한 조사를 실시해야 한다.
- **피해 근로자 보호 조치**: 조사가 진행되는 동안 피해 근로자를 보호하기 위한 적절한 조치를 취해야 한다(부서 이동, 근무 시간 조정 등).
- **피해자 보호를 위한 조치**: 괴롭힘 사실이 확인되면 피해자를 보호하기 위한 구체적이고 실질적인 조치를 취해야 한다.
- **가해자 징계 등 필요한 조치**: 가해자에 대해 징계, 교육, 업무 배제 등의 조치를 시행할 의무가 있다.
- **불리한 처우 금지**: 피해 근로자 또는 조사에 협조한 직원에 대해 불리한 처우를 해서는 안 된다.
- **비밀 유지 의무**: 조사 과정과 관련된 모든 정보는 비밀로 유지되어야 하며 누설 시 법적 책임이 따른다.

① 증거 수집의 중요성

직장 내 괴롭힘 문제를 해결하기 위해서는 **객관적이고 명확한 증거자료**가 반드시 필요하다. 단순한 주장이나 추정에 의한 피해 호소는 법적 판단 기준으로 인정되지 않으므로, 다음과 같은 증거자료를 확보하는 것이 매우 중요하다.

- **음성 녹취 자료**
- 피해자가 직접 대화에 참여한 경우, 본인의 녹음은 합법적인 증거로 인정된다.
- 단, 상대방의 동의를 받지 않고 녹음된 자료는 법적 분쟁에서 사용할 수 없는 경우가 많으므로 반드시 주의가 필요하다.

- **동료들의 진술서**
- 피해자의 상황에 대해 직접적인 경험이나 목격을 한 동료들의 서면 진술은 중요한 증거로써 활용된다.
- 진술서는 서명과 날짜를 포함하여 신뢰성을 강화해야 한다.

- **문서 및 디지털 자료**
- 이메일, 메신저 대화 기록, 업무 지시서 등은 괴롭힘 행위가 실제로 발생했음을 증명하는 데 유용하다.
- 자료는 원본 상태로 보관하며, 필요시 사본을 제출하도록 준비해야 한다.

② 주의해야 할 점

직장 내 괴롭힘 문제를 제기할 때 다음 사항에 주의해야 한다.

- **객관성 유지**: 단순한 감정적 주장보다는 객관적이고 구체적인 사실에 기반한 실증적인 증거를 제시해야 한다.
- **법적 준수**: 증거 자료를 수집할 때 합법적 절차를 따르고, 법적 분쟁에서 불이익이 발생하지 않도록 신중해야 한다.
- **피해자 보호**: 문제 제기 과정에서 피해자가 2차 피해를 입지 않도록 회사와 외부 기관의 지원을 요청해야 한다.

- **대응 기록**: 신고 과정, 회사의 대응 방식, 조사 진행 상황 등을 문서화하여 필요시 증빙 자료로 활용할 수 있도록 한다.

직장 내 괴롭힘을 신고하는 것은 쉽지 않은 결정이다. 자신의 정신적, 신체적 건강과 권리를 보호하기 위한 방법이지만, 신고과정과 문제해결 그리고 법적 절차를 진행하는 동안 많은 스트레스를 겪게 된다. 또한 현실적이고 경제적인 이슈로 그동안 친분을 쌓아 온 동료애가 무너지고 몸담아 왔던 조직에 대한 신뢰와 충성심에 회의감이 들 수 있다. 그럼에도 불구하고 나 자신을 위해서만이 아니라 더 건강한 조직문화를 만들기 위해 용기 있는 행동이 요구될 수도 있다.

● **새로운 환경 모색**

나르시시스트 리더가 정신 건강에 심각한 위협이 되고

있고, 더 이상 개선될 여지가 없다면 이제는 탈출 계획을 세우는 것이 중요하다. 이때 충분한 시간과 준비를 통해 전략적으로 접근해야 한다.

나르시시스트 리더의 부정적인 영향에서 벗어나기 위해서는 다른 부서로 이동하거나 이직하는 방안을 신중히 고민할 필요가 있다. 부서 이동은 현재 다니고 있는 회사 내에서 새로운 환경을 찾는 방법이기 때문에 기존의 네트워크와 조직 문화에 익숙하다는 점에서 장점이 있다. 익숙한 환경에서 일할 수 있다는 점은 안정감과 적응의 용이함을 제공할 수 있기 때문이다.

하지만 부서 이동은 간단한 결정이 아니다. 특히 조직 내에서 한 사람이 부서를 옮기거나 이동하는 상황은 다른 동료들의 관심과 반응을 불러일으킬 수 있다. 그리고 만약 새로 배치된 부서가 현재 자신의 업무와 크게 연관이 없다면 큰 난관에 봉착할 수 있다. 새로운 팀 내에서 잉여 인력으로 여겨질 위험이 뒤따르거나 새로운 업무에 적응하기 위해 많은 노력을 기울여야 할 수도 있다.

따라서 부서 이동을 고려할 때는 최대한 자신의 업무와 관련성이 높고, 전문성을 발휘할 수 있는 직무로 옮기도록 신중히 계획하는 것이 중요하다. 필요와 충분조건이 모두 만족될 수 있으면 최상의 직무/부서 이동이 되겠지만, 적어도 내가 부서 내의 역할을 담당할 수 있는 충분조건에 해당될 수 있다면 좋다. 이렇게 하면 업무 성과를 내기도 더 수월하고, 새로운 팀에서도 긍정적인 평가를 받을 가능성이 높아지므로 자신에게 적합한 부서를 선택하는 것이 부서 이동의 성공 여부를 좌우할 수 있음을 알아야 한다.

그러나 직장의 규모가 크지 않을 경우 부서 이동이 자유롭지 못할 수 있다. 더군다나 문제의 나르시시스트와 자주 맞부딪힐 수 있기 때문에 이직을 통해 관계를 마무리하고 새로운 직장을 모색해 보는 것이 현실적인 대안일 수 있다.

그러므로 채용시장에서 나와 적합한 포지션과 업계 내 시장환경 등을 모니터링하며, 꾸준히 이력서를 업데이트한다. 그동안의 성과를 위주로 정리하고 진행했던 프로젝트를 포트폴리오로 작성하여 서류 준비를 진행한다. 여기에 신뢰할 수 있는 동료나 리더로부터 추천서를 요청하여 본인의 실력과 경력을 증명할 수 있도록 세심한 노력이 필요하다.

또한 장기적 관점에서 안전망을 확보하기 위해 실업급여에 대한 것, 퇴직금 및 연차수당 등에 대한 정보를 미리 알아 두는 것도 도움이 될 수 있다. 그리고 이직 준비에 대한 사실은 철저히 비밀로 하되, 구체적인 퇴사 일정에 대한 계획을 세우고 실행에 옮긴다. 나르시시스트로부터의 탈출은 자신의 커리어를 개발하고, 자신의 가치를 인정해 주는 더 나은 환경에서 성장할 기회를 찾는 것임을 잊지 말아야 한다.

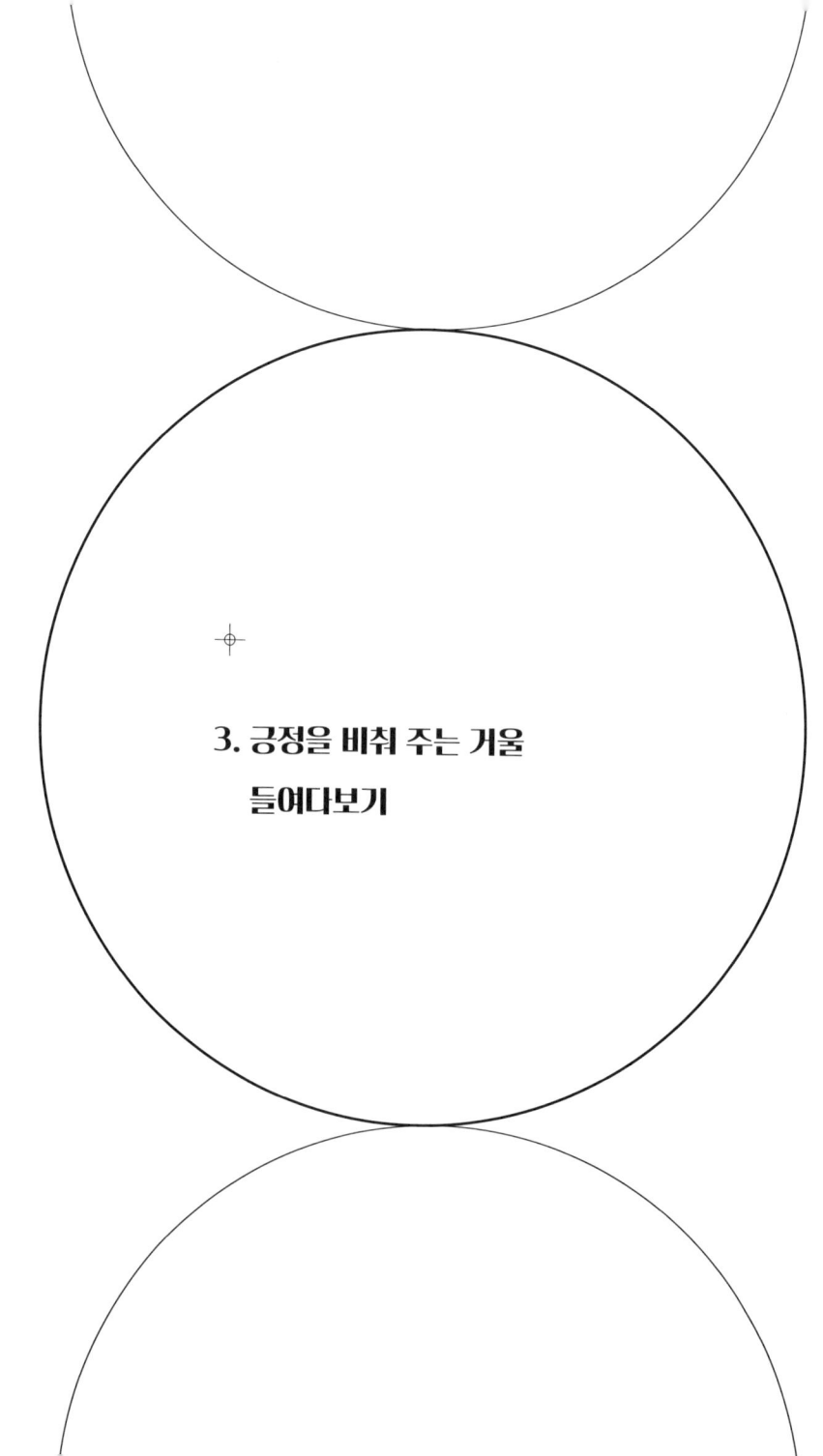

3. 긍정을 비춰 주는 거울 들여다보기

지금까지 직장 내에서 경험할 수 있는 나르시시스트의 부적절하고 비정상적인 행태에 대해 논의하였다. 이처럼 자기애성 성격장애가 끼치는 해악은 피해자들뿐만 아니라 구성원 모두에게 위험을 초래하는 파괴적인 리더십을 띠게 되는 것이다.

나르시시즘은 누구에게나, 어느 정도는 흔히 나타나는 성향일 수도 있다. 심리학적으로 보면, 자기애는 일종의 스펙트럼처럼 강도에 따라 다양하게 나타난다고 한다. 자기애가 적절한 수준이라면 우리 삶에 긍정적인 에너지를 주는 '건강한 자기애'로 작용할 수 있다.

다만 과유불급이라 하지 않던가? 너무 많아서 과도한

경우 오히려 문제가 되는 병리적 나르시시즘으로 전락하게 되는 것이다.

● **건강한 리더십**

건강한 자기애는 쉽게 말해 '나 자신에 대한 균형 잡힌 사랑'으로 표현할 수 있다

- 자신의 장단점을 객관적으로 인식한다.
- 완벽하지 않다는 것을 인정하고 받아들인다.
- 타인의 감정과 의견을 존중한다.
- 비판을 건설적으로 받아들이고 성장의 기회로 삼는다.
- 자신의 능력에 대해 현실적인 평가를 한다.

하지만 나르시시스트 리더는 자신의 자아상을 부풀려서 보게 마련이고, 마치 세상이 자신을 중심으로 돌아간다고 생각하는 경향이 있다. 적당한 자기애가 있는 사람들

은 타인의 감정과 의견을 존중하고, 비판도 현실적으로 받아들인다. 이러한 균형 잡힌 자아관을 가진 사람들은 리더가 될 때 그 역량이 빛을 발하게 된다. 성취 지향적이면서도 현실감각을 갖춘 이들의 리더십은 조직 전체에 긍정적인 영향력을 미쳐 목표 달성에 큰 도움을 준다. 따라서, 자기애가 어느 정도 있는 건 나쁘지 않고 오히려 삶과 일에 필요한 긍정적인 힘이 되기도 한다.

건강한 자기애를 가진 리더는 다음과 같은 면모를 보여준다.

① 자신감 있는 리더십

진정한 리더는 자신에 대한 강한 믿음과 결단력을 갖추고 있다. 자신감 있는 리더는 의사결정을 내릴 때 주저하지 않는다. 항상 말이 뒤바뀌어 엎치락뒤치락한다면 조직은 방향성을 잃고 앞으로 나아가지 못할 것이다. 결정력이 부족한 리더는 의사결정이 번복되는 경우가 많다. 주위 환경

탓을 하며 스스로는 유연한 의사결정을 구사했노라 변명할 수도 있으며 때론 감정적이고 즉흥적인 판단으로 작은 이익에 집착하는 오류를 범하기도 한다. 앞서 언급한 자신감 있는 리더는 일관성 있고, 명확한 방향을 제시해 주기 때문에 조직 구성원들은 이런 리더의 행동에서 안정감을 얻고 그의 판단을 신뢰하게 된다.

② 결과에 대한 책임

자신감 있는 리더십의 핵심에는 투명하고 솔직한 의사소통이 자리 잡고 있다. 이를 통해 리더와 구성원 간의 상호 신뢰가 형성된다. 리더는 의사결정 과정과 수행 과정을 투명하게 공유하고, 성과에 대해서도 강한 책임감을 가지므로 구성원들로 하여금 리더를 믿고 따르게 만드는 핵심 요인이 된다. 책임을 회피하는 리더는 항상 잘못과 실수를 탓하기 위한 희생양을 찾으며, "이럴 줄 알았어. 내가 여러 번 지적했고, 이미 다 예측한 대로 문제가 발생했는데…. ○○ 따라 주지 못했고….”라며 자신은 유유히 문제의 수렁에서 빠져나간다. 진정한 리더는 문제가 발생할 경우, 또는 부정적인 결과에 대해 회피하지 않고 적극적으로 해결책을 모색하려 애쓰는 사람이다.

③ 건설적인 피드백

훌륭한 리더는 자신감과 결단력을 갖고 있는 동시에 다른 이들의 의견에도 귀 기울일 줄 안다. 그는 자신의 약점을 인정하고 부족한 부분을 개선하기 위해 노력한다. 이런 리더는 구성원들의 의견을 경청하고 피드백을 받아들여 자신이 성장할 수 있는 기회로 삼는다. 한편 미숙한 리더일수록 구성원들이 제안한 의견 또는 아이디어에 수용적이지 않다. 먼저 비난과 비판의 경계를 인식하지 못하고, 리더인 자신의 계획과 의도에 대한 감정적 공격으로 받아들이는 경향이 짙어 이성적이고 건설적인 의견이 종종 묵과되기도 한다.

좋은 아이디어는 적극적으로 수용하며 비판적인 의견도 겸허히 받아들일 줄 아는 리더가 업무 프로세스를 개선하고 성과를 창출해 낸다. 이렇게 열린 마음을 가진 리더는 조직 내 신뢰 관계를 돈독하게 다지며, 구성원들은 리더를 믿고 자신의 의견을 당당히 제시할 수 있는 여건이 조성된다. 리더 또한 구성원들에게 건설적인 피드백을 주어 그들의 역량 향상을 도와주게 된다.

④ 장기적인 비전 제시

리더는 단순히 현재의 일에만 집중하지 않고, 조직의 미래를 바라보며 명확한 비전과 목표를 제시한다. 이들은 큰 그림을 그리는 능력을 갖추고 있어 현재의 상황을 정확히 이해하면서도 미래의 변화와 도전을 예측한다. 이것은 즉 숲과 나무를 볼 줄 알아야 하는 자질 중 하나이기도 하다. 시장의 변화와 트렌드를 분석해 대비하고, 조직의 강점과 약점을 명확히 파악하며, 새로운 기회와 위험을 식별하여 조직이 나아가야 할 방향을 명확하게 설정한다.

이와 함께, 성공적인 리더는 장기적인 비전을 수립할

수 있다. 향후 3년 또는 5년의 중장기와 10년 후의 조직의 모습을 구체적으로 계획하고, 실현 가능하면서도 도전적인 목표를 설정하며, 비전 달성을 위해 단계별 전략을 마련한다. 또한, 변화하는 환경에 맞춰 비전을 유연하게 조정할 줄 안다. 그들의 비전은 구성원들에게 깊은 영감을 주게 되어 조직의 가치와 의미를 분명히 전달하고, 각 구성원의 역할과 중요성을 설명한다. 비전이 실현되었을 때의 긍정적인 변화를 구체적으로 제시함으로써 구성원들이 자신의 미래도 함께 꿈꿀 수 있게 만든다.

그러나 조직을 제대로 이끌지 못하는 리더는 현실적인 계획보다 자신이 바라보는 비현실적인 꿈이나 이상에만 매달린다. 이런 집착은 같은 실수를 반복하게 하고, 부정적인 결과를 초래하여 조직은 마침내 학습된 무력감을 느낄 수밖에 없다.

비전을 실현하기 위한 리더의 행동은 정기적으로 비전과 목표를 상기시키고, 진행 상황을 투명하게 공유하여

성과와 문제를 함께 논의한다. 필요한 자원과 지원을 제공해 구성원들이 비전을 이뤄 나갈 수 있도록 돕는 역할을 하기 때문에 이러한 리더십은 조직에 긍정적인 변화를 가져온다.

- **리더십과 팔로워십 – 어떻게 이끌고 따를 것인가?**

우리가 직장에서 만나게 되는 사람들은 모두 각기 다른 경험과 강점을 가지고 있다. 리더는 이런 차이를 단순한 '다름'이 아니라 조직의 '강점'으로 인식하고 활용해야 한다. 건강한 리더는 구성원들이 각자의 강점을 최대한 발휘할 수 있는 환경을 조성해야 하며, 이는 마치 지휘자가 개별 악기 연주자들로 하여금 최상의 화음과 멜로디를 만들어 내게 하는 것과 비유될 수 있다. 이처럼 리더는 각 구성원이 고유한 능력과 재능을 발휘하도록 돕는 존재로서, 조직 내 조화로운 분위기를 만들어야 한다. 개별적인 능력이 모여 전체의 시너지를 발휘할 때 조직은 비로소 강력한 성과를 낼 수 있기 때문이다.

리더는 단순히 '나를 따르라'며 지시하거나 역할을 부여하는 것만으로는 부족할 수 밖에 없다. 구성원들이 자발적으로 참여하고 자신이 중요한 존재라고 느낄 수 있는 환경을 만드는 것이 중요하다. 이를 위해서는 공감과 경청의 자세로 구성원의 의견을 수용하고, 모든 사람이 자유롭게 의견을 나누고 의사결정에 참여할 수 있는 구조를 만들어야 한다. 이렇게 하면 구성원들은 리더에 대한 신뢰를 갖게 되고, '이 리더와 함께라면 더 멀리 갈 수 있겠다'는 신념과 동기를 가지게 된다. 신뢰와 존중의 문화는 구성원들이 스스로 동기를 부여받고 성과를 창출하게 하는 중요한 요소임에 틀림없다.

팔로워십도 그에 못지않게 중요하다. 훌륭한 팔로워는 마치 악보를 보고 지휘자를 따라가는 연주자와 같으므로 단순히 따르기만 하는 것이 아니라 자신의 개성과 표현력을 더해 음악을 완성하듯, 팔로워도 리더의 비전을 이해하고 공감하면서도 자신의 목소리를 낼 수 있어야 한다. 필요할 때는 피드백을 제공하고 건설적인 의견을 제시하는 용기도 때론 필요하다. 팔로워는 수동적으로 지시에만 따르는 존재가 아니라, 적극적으로 의견을 내고, 팀의 성과를 위해 자신의 역할을 다하는 주체임을 잊지 말자. 다양한 성격과 관심사를 가진 동료들과 협력하며 조직의 목표를 위해 유연하게 움직이는 것도 중요한 팔로워의 역할이다. 이런 태도는 조직 내에서 창의적이고 긍정적인 변화를 이끌어 내는 데 중요한 역할을 함에 틀림없다.

훌륭한 리더는 팔로워가 단순한 지시를 따르는 존재가 아니라 자신의 아이디어와 관점을 표현할 수 있는 중요한 동료임을 인식해야 한다. 그들은 팔로워의 창의적 기여를 환영하고, 성장의 기회를 제공하며 도전을 두려워하지 않도록 용기를 북돋아 주는 역할을 충분히 해내야 한다. 이는 조직의 성과를 극대화하는 데 매우 중요한 요소로 작용한다. 반대로 뛰어난 팔로워는 리더의 결정을 무작정 따르기보다 건강한 비판적 사고로 적극적으로 참여한다. 팔로워는 리더의 방향성을 이해하고 이를 더욱 발전시킬 수 있는 방법을 제안할 수 있어야 한다. 자신의 역할이 단순한 지시 이행을 넘어, 리더와 함께 고민하고 해결책을 찾아가는 과정임을 알고 있고, 이는 리더에게도 큰 도움을 줄 뿐만 아니라 팔로워 스스로도 성장을 경험하게 된다.

이렇게 리더와 팔로워가 서로를 격려하고 성장할 때, 조직은 단순한 일터를 넘어 사람들의 꿈과 열정이 살아 숨쉬는 공간이 된다. 이러한 조직은 실수를 두려워하지 않는 문화와 도전적인 정신으로 빛이 나게 된다. 리더가 팔로워에게 배우고 지지하며, 팔로워가 리더의 역할을 이해하고 지원할 때, 그 관계는 상하관계를 넘어 서로를 보완하는 동반자가 될 것이다. 서로 다른 색을 가진 사람들이 만들어내는 하모니는 위대한 교향곡이며, 모든 구성원이 행복하게 성장할 수 있는 길을 여는 열쇠다. 이는 조직 내에서 신뢰와 존중이 바탕이 된 관계가 형성될 때 더욱 강화된다고 믿는다.

오늘 아침 바쁜 출근 준비를 하면서 거울을 들여다보는 많은 직장인들은 복장과 외모를 점검하며 멋진 하루를 기대할 것이다. 자신을 가꾸고 준비하는 것은 단순히 외형적인 준비만을 의미하지 않는다. 내면의 긍정적인 에너지를 키우고 자신감을 가지는 것도 중요한 준비임을 기억하자. 일과 사람, 그리고 삶이 다이내믹한 곳에서 '오늘 하루의 주인공은 나'라고 스스로 응원해 본다. 이렇게 자신에 대한 긍정적인 에너지와 사랑이 다른 사람에 대한 존중으로 자연스럽게 확산된다면, 직장 곳곳에 퍼져 반짝이는 성공과 만족스러운 날을 만들어 낼 것이다. 이러한 긍정적인 태도는 팀의 분위기를 밝게 하고, 조직의 성과를 끌어올리는 힘으로 작용할 것이다.

직장에서의 하루는 단순히 업무를 처리하는 시간만이 아니다. 그것은 사람들과의 관계를 형성하고, 협력하며, 함께 성장하는 시간임에 틀림없다. 각자의 강점과 열정이 모여 조직의 목표를 달성하고, 개인의 성장을 이끌어 내기에 우리는 모두 각자의 자리에서 리더가 될 수도 있고, 팔로워가 될 수도 있다. 중요한 것은 서로의 역할을 존중하고, 함께 더 나은 방향으로 나아가기 위해 노력하는 것이다. 이런 자세를 가진 사람들로 이루어진 조직은 성공을 넘어서, 구성원들이 진정으로 행복을 느끼는 곳이 될 것이다.

"행복은 우리 자신에게 달려 있다.
Happiness depends upon ourselves."

- Aristotle

참고자료

논문 및 보고서

미국정신의학회(2013), 『정신 장애 진단 및 통계 편람 (DSM-5)』, 미국정신의학출판사.

엘리스, H. (1898), 『자기애에 대한 심리학적 연구』, The Alienist and Neurologist.

프로이트, S. (1914), 「나르시시즘에 대한 서론」, 『표준판 정신분석 전집』, 14, 73-102.

핀커스, A. L. & 루코위츠키, M. R. (2009), 「병리적 나르시시즘과 자기애성 성격장애」, 『연례 임상심리학 리뷰』, 6, 421-446.

코헛, H. (1971), 『자기의 분석: 자기애성 성격장애의 정신분석적 치료에 대한 체계적 접근』, 시카고대학교 출판부.

웨스턴, D. (1999), 『나르시시즘의 과학적 및 임상적 의미』, 미국심리학회.

고전 문학작품 및 전래동화

이솝(2002), 『토끼와 거북이』, L. H. Gibbs, 역, 옥스퍼드 대학교 출판부. (원작 출판 약 기원전 6세기)

그림 형제(1812), 『백설공주』, 레클람.

세르반테스, M. (1605), 『돈키호테』, 프란시스코 데 로블레스.

이솝(2002), 『여우와 신 포도』, L. H. Gibbs, 역, 옥스퍼드대학교 출판부. (원작 출판 약 기원전 6세기)

캐럴, L. (1865), 『이상한 나라의 앨리스』, 맥밀란.

그림 형제(1812), 『신데렐라』, 레클람.

바움, L. F. (1900), 『오즈의 마법사』, 조지 M. 힐 출판사.

스티븐슨, R. L. (1886), 『지킬 박사와 하이드』, 롱맨스, 그린&코.

콜로디, C. (1883), 『피노키오의 모험』, 펠리체 파기.

한국 민담, 미상, 『흥부와 놀부』.

안데르센, H. C. (1837), 『벌거벗은 임금님』, 코펜하겐 출판사.

영화 및 애니메이션

프랭켈, D. 감독(2006), 〈악마는 프라다를 입는다〉, 20세기 폭스.

라세터, J. 감독(1999), 〈가제트 형사〉, 월트 디즈니 픽처스.

필립스, T. 감독(2019), 〈조커〉, 워너 브라더스.

도서

Germain, M. L. (2020), 『나르시시스트와 직장생활하기』, 문은영&가요한 역, 한국코칭수퍼비전아카데미.

Murray, K. (2017), 『어떻게 따르게 만들 것인가: 리더들의 탁월한 언어 습관』, 장세현 역, 어크로스.

송은이(2024), 『진짜 쓸모 있는 직장 내 괴롭히기법 이야기』, 지식과감성.

문제적 리더를 이기는
건강한 팔로워십

ⓒ 서희진, 2025

초판 1쇄 발행 2025년 5월 30일

지은이	서희진
펴낸이	이기봉
편집	좋은땅 편집팀
펴낸곳	도서출판 좋은땅
주소	서울특별시 마포구 양화로12길 26 지월드빌딩 (서교동 395-7)
전화	02)374-8616~7
팩스	02)374-8614
이메일	gworldbook@naver.com
홈페이지	www.g-world.co.kr

ISBN 979-11-388-4310-2 (03180)

- 가격은 뒤표지에 있습니다.
- 이 책은 저작권법에 의하여 보호를 받는 저작물이므로 무단 전재와 복제를 금합니다.
- 파본은 구입하신 서점에서 교환해 드립니다.

- 이 책에 사용된 일러스트레이션은 인공지능(AI) 이미지 생성 도구 ChatGPT를 통해 제작되었습니다.